FÓRMULA 95

Wladimir Novaes Martinez
Advogado especialista em Direito Previdenciário.

FÓRMULA 95

EDITORA LTDA.

© Todos os direitos reservados

Rua Jaguaribe, 571
CEP 01224-003
São Paulo, SP — Brasil
Fone (11) 2167-1151
www.ltr.com.br
Maio, 2016

Versão impressa — LTr 5469.3 — ISBN 978-85-361-8838-6
Versão digital — LTr 8944.4 — ISBN 978-85-361-8848-5

Dados Internacionais de Catalogação na Publicação (CIP)
(Câmara Brasileira do Livro, SP, Brasil)

Martinez, Wladimir Novaes

Fórmula 95 / Wladimir Novaes Martinez. – São Paulo : LTr, 2016.

Bibliografia.

1. Aposentadoria 2. Direito previdenciário – Brasil 3. Fator previdenciário 4. Seguridade social – Beneficiários - Brasil 5. Seguridade social - Beneficiários – Tabelas e cálculos I. Título.

16-03034   CDU-34:364.3(81)

Índice para catálogo sistemático:

1. Brasil : Cálculos de aposentadoria : Benefícios previdenciários : Direito previdenciário 34:364.3(81)

SUMÁRIO

Introdução 9
1. Conceito básico 11
2. Prestações incluídas 12
3. Clientela protegida 14
4. Fórmula para o trabalhador rural 15
5. Fórmula para o servidor 16
6. Pessoa com deficiência 18
7. Direito dos transexuais 19
8. Segurados com baixa renda 21
9. Magistério escolar 22
10. Servidores não estatutários 24
11. Aposentadoria dos anistiados 25
12. Servidores estabilizados 26
13. Surgimento da Fórmula 27
14. Vigência e eficácia da lei 29
15. Obstáculos ao limite nacional 30
16. Objetivo da inovação 31
17. Escopo governamental 32
18. *Animus legislatoris* 33
19. Variáveis da expressão matemática 34
20. Constante da expressão matemática 35
21. Definição de tempo de contribuição 36
22. Tipos de tempo de contribuição 37
23. Tempo do serviço militar 39
24. Períodos considerados 40
25. Contribuinte facultativo 43
26. Períodos não computados 44
27. Mensalidades em débito 46

28. Tempo de serviço no exterior..47
29. Trabalho no exterior..48
30. Mensuração do tempo de contribuição..................................49
31. Tempo de contribuição após 17.6.15......................................51
32. Idade do segurado...52
33. Provas da contribuição..53
34. Expectativa de direito..54
35. Direito adquirido..55
36. Principais hipóteses...56
37. Exigência menor para seguradas...57
38. Contagem recíproca..59
39. Cumulação com o auxílio-acidente..60
40. Interferência na desaposentação..65
41. Progressividade do total de anos..67
42. Natureza jurídica da Lei n. 13.183/15....................................68
43. Essência da Fórmula 85/95..69
44. Distinção entre a Fórmula 95 e a 85/95.................................70
45. Renda mensal inicial..71
46. Imprescritibilidade do direito..72
47. Quota 95/96/97 na Itália..73
48. Primeira versão da Fórmula 95..74
49. Pressupostos da versão original..75
50. Segunda versão da Fórmula 95..77
51. Terceira versão da Fórmula 95...78
52. Versão legal da Fórmula 95..79
53. Norma adequada para o tema...80
54. Plano ideal de benefícios...81
55. Opção pela aposentadoria por idade.....................................82
56. Propostas apresentadas..83
57. Equilíbrio atuarial e financeiro..84

58. Art. 201, § 7º, da Carta Magna 85
59. Princípio da vedação do regresso 86
60. Transformação para aposentadoria por invalidez 87
61. Soluções de outros países 90
62. Veto inicial à Fórmula 85/95 93
63. Novo limite de idade 94
64. Mudanças na Carta Magna 97
65. Fórmula 95 e renda mensal inicial 98
66. Nível da aposentadoria na Fórmula 85/95 99
67. Consectários na previdência privada 101
68. Planejamento da aposentação 103
69. Conceito de fator previdenciário 104
70. Redação da Lei n. 9.876/99 106
71. Extinção da precocidade jubilatória 107
72. Tábua de Mortalidade 108
73. Tábua de Mortalidade para os homens 110
74. Abrangência do fator 111
75. Resultado matemático 112
76. Equilíbrio atuarial e financeiro 113
77. Princípio da vedação do regresso 114
78. Características do fator previdenciário 115
79. Fator na contagem recíproca 116
80. Exegese da fórmula do fator 118
81. Aposentadoria dos sem Fórmula 85/95 119
82. Rejeição do fator previdenciário 120
83. Afetação dos demais elementos do benefício 121
84. Regra de transição da lei 122
85. Transição da EC n. 20/98 123
86. Revisão de cálculo 124
87. Norma mais favorável 125

88. Interpretação da matéria 126
89. Qualificação do fator previdenciário 127
90. Aspectos negativos do fator previdenciário 128
91. Aposentadoria por tempo de contribuição 131
92. Fim da aposentadoria por tempo de contribuição. 134
93. Aposentadoria por idade 136
94. Primeiros efeitos da Fórmula 85/95 139
95. Presunção do desconto 140
96. Fórmula 90/100 141
97. Justificação administrativa 142
98. Acordo Internacional 147
99. Reforma da Previdência Social 149
100. Conclusões derradeiras 152
Anexos 153

Introdução

Depois de 25 anos de espera, finalmente a Fórmula 95, atualmente designada como Fórmula 85/95 tornou-se lei e adquiriu eficácia com a publicação da Lei n. 13.183/15 no DOU de 5.11.15.

Pena que tenha emergido em decorrência fortuita de uma tentativa governamental de atender aos reclamos dos segurados contra o fator previdenciário, jamais compreendido tecnicamente por quem deveria, em vez de ter sido entregue à análise dos especialistas.

A compreensão das dificuldades demográficas e econômicas da previdência social constituem um universo e debate científico que descabem em um Parlamento menos voltado para a técnica de cada matéria e preocupado, na medida do possível, exclusivamente em agradar a massa populacional de eleitores.

E que, como pano de fundo, por falta de ousadia política, sequer foi cogitada a pretensão dos estudos de colocar fim à aposentadoria por tempo de contribuição, uma excrescência da legislação brasileira, em favor da revisão do modelo da aposentadoria por idade.

Por outro lado, novamente foi ignorada olimpicamente a universalidade da previdência social, esquecendo-se dos servidores civis e militares e dos parlamentares.

De modo geral, o importante é que a solução nos seus aspectos principais seja constitucional e discipline a aposentadoria por tempo de contribuição, até que um dia (estamos próximos disso) seja revista e na ocasião da próxima reforma da legislação previdenciária isso poderá suceder.

A fórmula tem uma expressão matemática bastante simples. Todavia, sua aplicação prática poderá despertar algumas pequenas distonias, justificando análises promovidas a seguir no desenvolvimento do tema, especialmente no que diz respeito à vigência, sua possível retroeficácia e ao cômputo do tempo de contribuição em meses inteiros.

Com vistas aos esclarecimentos mais pormenorizados, frequentemente recorremos a exemplos particulares e gerais de diferentes situações.

Devido à semelhança de ideias entre a Fórmula 85/95 e o fator previdenciário, alguns temas dos capítulos foram ligeiramente reeditados.

Em decorrência da opção oferecida aos titulares do direito ao benefício, recordamos aspectos relevantes do fator previdenciário da Lei n. 9.876/99.

Ao final, pela oportunidade, reproduzimos excertos das ECs n. 20/98, 41/03 e 47/05. Também fazem parte dos anexos as MP 676/15, arts. 52/56 do PBPS, a Lei n. 9.876/99 (excertos) e a Lei n. 13.183/15.

Wladimir Novaes Martinez

CAPÍTULO 1

Conceito básico

A Fórmula 85/95 é uma expressão aritmética com papel um previdenciário envolvendo o tempo de contribuição e idade do segurado, cuja adição deva atingir 85 anos (mulheres) e 95 anos (homens), visando a definição do direito à aposentadoria por tempo de contribuição de 100% do salário de benefício.

Até ser aprovada pela Lei n. 13.183/15 era uma construção doutrinária, debatida pelo legislador ordinário com a finalidade de tornar possível transformar facultativo o fator previdenciário da Lei n. 9.876/99.

Sua designação histórica é Fórmula 95 e assim foi apresentada aos estudiosos em 1990. Porém chamou a atenção apenas nos anos 2013/2015, embora, após criá-la, continuamos tentando divulgá-la em todos esses anos.

Foi ignorada pelos estudiosos do Direito Previdenciário por se expressar aritmeticamente, a despeito de sua simplicidade matemática, e por comparação ser muito mais singela do que o fator previdenciário.

Citado no "Fator Previdenciário e Fórmula 85/95", de Fernando B. Meneguin, no Boletim Legislativo do Senado Federal, alguém disse que era complexa demais... mas não é.

Fórmula 85/95 é uma designação atribuída à Fórmula 95 (sua concepção originária) com a intenção de deixar bem claro que a segurada não precisa somar 95 anos, bastando-lhe possuir 85 anos, ainda que se saiba que, de modo geral, as mulheres se aposentam cinco antes que os homens, em termos de idade de tempo de contribuição. Da mesma forma que os 95 exigidos dos homens é resultado de uma adição e não a idade da pessoa.

Ela representa uma modalidade de definição do direito ao benefício, como sucede com a descrição da fórmula legal do fator previdenciário, mas a Lei n. 13.183/15 preferiu uma prosa descritível em vez de apresentar textualmente o $X + Y = 95$ anos.

Lendo-se o *caput* do art. 29-C do PBPS é perceptível que o legislador de 2015 deu relevo ao fator previdenciário (postado na sua alça de mira) e não à Fórmula 85/95. Ele iniciou a oração cuidando da não aplicação desse fator e adotou como solução tampão a Fórmula 85/95. Logo sua origem é tecnicamente espúria.

CAPÍTULO 2

Prestações incluídas

Atualmente a Fórmula 85/95 somente diz respeito à aposentadoria por tempo de contribuição dos trabalhadores da iniciativa privada filiados ao RGPS (excepcionalmente incluindo certos servidores públicos não estatutários).

Em sua versão simplificada, ao servidor público (EC n. 47/05).

Vale também para a aposentadoria do professor (F, at. 40, § 5º), da pessoa com deficiência (LC n. 142/13) e para os trabalhadores rurais.

Não tem sentido aplicá-la para os demais benefícios, que não considerem o tempo de contribuição como definição do direito (apenas para fins de período de carência ou regra do valor da renda mensal inicial).

Não é aplicada nos casos do MEI (LC n. 128/08), REII (Lei n. 11.430/06) e RPDC (Lei n. 12.470/11), porque assim determinado na lei e, em razão da alíquota de contribuição, é menor e não inclui a aposentadoria por tempo de contribuição.

Inclui o benefício dos anistiados (Lei n. 6.683/79).

Em caráter excepcional e com nuanças próprias também aposentadoria por tempo de contribuição dos transexuais (matéria ainda não disciplinada).

Os benefícios por incapacidade são definidos a partir de eventos determinados envolvidos com o trabalho, não se referindo ao tempo de contribuição, bastando a existência, conforme o caso, do período de carência (auxílio-doença, aposentadoria por invalidez e auxílio-acidente).

A aposentadoria especial tem um requisito temporal que é o exercício de atividades submetidas a exposição de agentes nocivos físicos, químicos, biológicos, ergométricos e psicológicos, em um período de 25 anos para homens e mulheres, em qualquer relação com o tempo de contribuição para fins de sua definição.

A aposentadoria por idade é definida como sendo um benefício do segurado que tenha certa idade mínima, dispensando o significado do tempo de contribuição. Vale recordar, entretanto, que o fator previdenciário poderá ser aplicado caso haja interesse por parte do segurado.

Em decorrência de disposição constitucional, o professor aposenta-se por tempo de contribuição reduzido em 5 anos para os homens e 10 anos para as mulheres. Neste caso, poderia-se falar em Fórmula 75/90.

A pensão por morte, auxílio-reclusão e pensões sociais pouco têm a ver com o tempo de contribuição, o mesmo valendo para o benefício de pagamento continuado da Lei 8.742/93 (LOAS).

Do mesmo modo todas as pensões não previdenciárias.

CAPÍTULO 3

Clientela protegida

Fundamentalmente a Fórmula 85/95 tem validade para os segurados obrigatórios e facultativos do RGPS, ou seja, é para os trabalhadores da iniciativa privada propriamente dita e para os empregados das empresas estatais.

Com isso inclui os servidores públicos não efetivos, tais como os ocupantes "de cargo em comissão declarado em lei de livre nomeação e exoneração, bem como de outro cargo temporário ou de emprego público" (CF, art. 40, § 13).

Os servidores efetivos beneficiam-se de parte dessa solução, conforme a EC n. 47/05. Caso acumulem a condição legal de trabalhadores da iniciativa privada, submetem-se em relação a essa segunda atividade.

Já os militares observam um regime próprio e não foram alcançados por essa disposição.

Da mesma forma, os parlamentares sujeitos ao PSSC (Lei n. 9.506/97). Todavia estes, às vezes, acumulam a condição de trabalhadores da iniciativa privada.

Os aposentados de modo geral, devido a essa condição, estão fora do seu alcance (PBPS, art. 18, § 2º).

Dependendo do que disser o Regulamento Básico do plano de benefícios, a complementação pode ser a mesma regra da Fórmula 85/95 (LC n. 109/01).

Os percipientes das pensões não previdenciárias estão excluídos.

CAPÍTULO 4

Fórmula para o trabalhador rural

Desde 24.7.91 os trabalhadores rurais são distinguidos na legislação previdenciária no que diz respeito à aposentadoria por idade.

Esse benefício é deferido 5 anos antes em razão das condições inóspitas do esforço rural (mulheres aos 55 anos e homens aos 60 anos).

Portanto, o legislador tenta compensar as diferenças próprias do mundo campesino.

No restante das prestações, observa-se o princípio da equivalência urbano rural (CF, art. 194, § único, II). Sabidamente, eles têm direito à aposentadoria por tempo de contribuição.

Nesse sentido, suscita-se a possibilidade de haver redução do tempo de contribuição na Fórmula 85/95 (e até mesmo no que diz respeito ao fator previdenciário).

Vale recordar que o legislador de 2015 e de 1999 (inicio do fator) não desejou esse tipo de proteção. Restará a doutrina estudar a matéria, lembrando-se que em termos de idade avançada considerou a diferença, mas não no que tange à aposentadoria por tempo de contribuição. É igual ao citadino.

CAPÍTULO 5

Fórmula para o servidor

Em janeiro de 2003, no gabinete da Superintendência Regional do INSS em São Paulo, apresentamos ao Ministro da Previdência Social Ricardo Berzoini, 32 propostas para alteração da legislação previdenciária, reproduzidas no Jornal do 21º Congresso Brasileiro de Previdência Social, São Paulo: LTr, 2003.

Basicamente a sugestão era a mesma daquela indicada para os trabalhadores filiados ao RGPS: que a idade somada ao tempo de serviço público atingisse 95 anos para os servidores e 85 anos para as servidoras. Claro, tão somente para os servidores estatutários, uma vez que os celetistas estavam e estão abrangidos pelo RPGS.

A ideia não foi inteiramente aprovada pelo Congresso Nacional, limitando-se a aplicação da Fórmula 95 a um dos seus vieses.

Diz o art. 3º da EC n. 47/05:

> Ressalvado o direito de opção à aposentadoria pelas normas estabelecidas pelo art. 40 da Constituição Federal ou pelas regras estabelecidas pelos arts. 2º e 6º da Emenda Constitucional nº 41, de 2003, o servidor da União, dos Estados, do Distrito Federal e dos Municípios, incluídas suas autarquias e fundações, que tenha ingressado no serviço público até 16 de dezembro de 1998 poderá aposentar-se com proventos integrais, desde que preencha, cumulativamente, as seguintes condições:
>
> I – *omissis*; II – *omissis*;
>
> III – idade mínima resultante da redução, relativamente aos limites do art. 40, § 1º, inciso III, alínea "a", da Constituição Federal, de um ano de idade para cada ano de contribuição que exceder a condição prevista no inciso I do *caput* deste artigo".

Como se vê não é igual a descrição da Lei n. 13.183/15 e substancialmente leva em conta que a maioria dos servidores faz carreira e permanece longos anos prestando serviços para a Administração Pública, a tal ponto que idade limite de 70 anos para aposentadoria compulsória foi dilatada para 75 anos.

Significa que a cada ano a mais do que 35 (mínimo constitucional obrigatório), o servidor poderá se aposentar com um ano a menos de idade. Assim, quem tiver 36 anos de contribuição se aposentará com 59 anos de idade. O total continuará sendo 95 anos. Se possuir 40 anos (por exemplo, porque computou tempo do RGPS) e 55 anos somará os mesmos 95 anos.

(hipótese em que computou tempo de serviço do RGPS, porque não poderia ter tomado posse como servidor com 15 anos).

Consumado esse direito, não pretendendo se jubilar, fica garantido o abono de permanência de que trata a Carta Magna.

Está na hora de se pensar na Fórmula 85/95 para todos os trabalhadores.

CAPÍTULO 6
Pessoa com deficiência

A aposentadoria da pessoa com deficiência, cumprido o art. 40, § 4º, I, da Carta Magna, foi regulamentada para a mulher e para o homem filiados ao RGPS pela Lei Complementar n. 142/13.

O benefício ali previsto é uma variante da aposentadoria por tempo de contribuição com características próprias fixadas na referida lei complementar, exigindo a qualidade de segurado, um tempo de contribuição (menor) e o mesmo período de carência de 15 anos de contribuição.

Sabidamente, em particular no que diz respeito à limitação grave (cujo benefício se dá aos 25 para os segurados e 20 anos para as seguradas), essas pessoas teriam dificuldades para atingir os 95 anos.

Um homem só os completaria aos 70 anos de idade e uma mulher aos 65 anos de idade.

O silêncio normativo e o fato de o *caput* aludir a aposentadoria por tempo de contribuição, distinguir (*nec interpres distinguire debe*) levará à polêmica se a Fórmula 95 devesse pois ser minorada para essas pessoas, o que seria um duplo favorecimento.

Crê-se que o legislador não quis contemplá-los e que falava apenas da aposentadoria tradicional (NB 42).

De certa forma aplicar a Fórmula 85/95 para essas pessoas seria tornar sem eficácia a LC n. 141/13.

CAPÍTULO 7

Direito dos transexuais

Do ponto de vista biológico (e, por assim dizer, previdenciário) transexual é a pessoa nascida e tida com um sexo que, em algum momento de sua existência, sentindo-se diferente, opta pelo sexo oposto, submete-se ao tratamento psicológico e à transgenitalização, passando a viver com esse novo sexo.

Em poucas palavras, um homem se torna mulher ou uma mulher se torna homem (cuja adaptação é mais complexa). Mas, vale recordar, rigorosamente, diferirão um pouco dos não transexuais (pois têm uma história).

Antes da aplicação da Fórmula 85/95 esse cenário jurídico diferenciado suscitava o exame do direito à aposentadoria por idade, recordando que a mulher urbana ou rural faz *jus* a essa prestação cinco anos antes que o homem.

O questionamento agora suscitado é saber se a mulher que fora homem se aposentará observado o total de 85 ou de 95 anos.

E, ao contrário, aos 95 anos, caso seja um homem que fora mulher.

A nosso ver, em princípio, o sexo vigente na DER determina qual o total dos anos a serem exigidos. Sem embargo, importa considerar aspectos antropológicos, sociológicos e biológicos que levaram o legislador a beneficiar a mulher com uma redução de cinco anos para as aposentadorias.

Nesse sentido, crê-se que se um homem se converteu em mulher aos 20 anos de idade, aos 60 anos tal ser terá vivido como mulher por 40 anos, fazendo *jus* à Fórmula 85.

Por outro lado, se a cirurgia de transgenitalização ocorreu aos 60 anos de idade, tendo ele vivido como homem por 40 anos, será adotada a Fórmula 95.

Complicando um pouco as coisas, se nada disso ocorrer talvez, uma regra de proporcionalidade resolveria a questão.

Assim, *mutatis mutandis*, exemplificativamente, caso a cirurgia tenha ocorrido aos 40 anos de idade a fórmula teria de ser $(85 + 95) \div 2 = 90$ anos.

Wagner Balera, citado por Daniel Fernandes ("Especialista: Previdência é omissa com os Transexuais". Disponível em: <http://www.band.com.br> Acesso em: 18 jun. 2015), crê que deva ser a da DER, ainda que a transgenitalização tenha ocorrido dias antes.

Embora se equivoque um pouco e confunda transexual com homossexual, Marcio Antonio Alves registra que o transexual Chistopher (ou Cristine) Timbrelli, de 58 anos, obteve na Inglaterra a aposentadoria de mulher ("O direito de se aposentar o transexual no mesmo tempo que a lei previdenciária estipula para as mulheres". Disponível em: <htpp.//www.ambitojuridico.com.br>

Conforme o jornalista da Folha de São Paulo de 30.1.16, Thiago Amâncio, no dia 28.1.16, o juiz Anderson Candiotto, de Sorriso (MT), autorizou um menino de 11 anos a se submeter a transgenitalização ("Juiz autoriza criança a mudar de gênero", Caderno Cotidiano, p. B4). A ação corria desde que o menino tinha 8 anos.

CAPÍTULO 8

Segurados com baixa renda

Acatando uma sugestão nossa apresentada ao Ministro Ricardo Berzoini em 2003, a EC n. 47/05 acrescentou um § 13 ao art. 201 da Carta Magna, que passou a dispor:

> Lei disporá sobre sistema especial de inclusão previdenciária para atender a trabalhadores de baixa renda e àqueles sem renda própria que se dediquem exclusivamente ao trabalho doméstico no âmbito de sua residência, desde que pertencentes a famílias de baixa renda, garantindo-lhes acesso a benefícios de valor igual a um salário-mínimo.

Conforme a lei ordinária regente tais trabalhadores puderam se filiar à Previdência Social em um regime especial dentro do RGPS, garantindo-lhes todos os benefícios do RGPS, menos a aposentadoria por tempo de contribuição, o que, em princípio, afastaria a aplicação da Fórmula 85/95.

Porém, basta ao interessado recolher a diferença das alíquotas vigentes para fazer *jus* a esse benefício e então poder se servir dessa metodologia.

O § 13 do mesmo art. 201 da Lei Maior diz:

> O sistema especial de inclusão previdenciária de que trata o § 12 deste artigo terá alíquotas e carências inferiores às vigentes para os demais segurados do regime geral de previdência social.

Por isso há quem pague 11% e até 5% do salário mínimo, caso das donas de casa (RPDC).

Que, repete-se, da mesma forma, poderá usufruir da Fórmula 85/95 se recolherem a diferença de contribuições.

CAPÍTULO 9

Magistério escolar

A aposentadoria do professor, prevista no § 5º do art. 40 da Carta Magna, tem produzido celeumas no sentido de que o magistério teria sido beneficiado constitucionalmente com diminuição do tempo de contribuição em relação aos demais trabalhadores, especialmente a partir de Lei n. 9.876/99, quando INSS aplicou o fator previdenciário.

No tocante a Fórmula 85/95 o § 3º do art. 29–C do PBPS pontua:

> Para efeito de aplicação do disposto no caput e o § 2º, o tempo mínimo de contribuição do professor e da professora que comprovarem exclusivamente tempo de efetivo exercício de magistério na educação infantil e no ensino fundamental e médio será de, respectivamente, trinta e vinte e cinco anos, e serão acrescidos cincos pontos à soma da idade com o tempo de contribuição.

Quer dizer, a soma da idade e tempo de contribuição do professor, e não de cada um desses dois elementos, sem essa adução da Lei n. 13.183/15 não precisaria ser igual a dos demais segurados.

Para o professor totalizar 35 anos basta ter, como é constitucionalmente imposto, 30 anos, sendo acrescidos 5 anos fictícios e, dessa maneira, com 60 anos a soma será 30 + 5 + 60 = 95 anos.

Note-se *ad nauseam* que o acréscimo legal diz respeito a soma da idade com tempo de contribuição.

Ao completar os seus 30 anos de serviço com 50 anos de idade (começou a lecionar com 20 anos), ele somará 80 anos, sendo acrescido 5 anos, chegará a 85, sem totalizar os 95 exigidos. Então terá que esperar mais cinco anos mesmo fora do magistério e obterá: 35 + 5 + 55 anos = 95 anos.

Isso, na prática, representa uma idade mínima de 55 anos.

Maria Helena Leite dos Santos defende a tese de que nenhuma lei pode afetar o direito constitucional do professor e o fator previdenciário representaria redução do valor da renda mensal inicial ("Inconstitucionalidade do fator previdenciário na aposentadoria do professor", São Paulo: LTr, RPS n. 421/1035).

O fator previdenciário, não pode ser aplicado para reduzir o valor da renda mensal inicial da aposentadoria em funções de magistério, sob a pena de anular o benefício previsto na Constituição Federal. Essa tese foi firmada durante sessão realizada pela Turma Nacional de Uniformização da Jurisprudência dos Juizados Especiais Federais (TNU), dia 18.7.15, no Espírito Santo.

O autor do processo requereu na justiça a revisão do seu benefício por tempo de contribuição de professor. Ele solicitou que o cálculo fosse o definido pelo art. 29 da Lei n. 8.213/91, como o afastamento do fator previdenciário, por tratar-se de aposentadoria especial.

A segurada defendeu a tese de que a decisão contrariava o acórdão da Turma Recursal de Sergipe, que deu provimento a recurso impetrado por segurado o RGPS, titular de aposentadoria de professor, para excluir o fator previdenciário do cálculo da renda mensal inicial do benefício.

A Turma sergipana entendeu à época que a atividade de magistério é considerada especial pela Constituição Federal, pois autoriza a redução do tempo de contribuição para o professor que comprove exclusivamente o exercício dessa função.

O relator João Batista Lazzari, conheceu o pedido de uniformização e afirmou que existe divergência entre decisões de turmas recursais de diferentes regiões:

> O cerne da divergência está relacionado à aplicação do fator previdenciário na apuração da renda mensal inicial do benefício de aposentadoria em funções de magistério. Além disso, a 2ª e a 5ª Turma do STJ possuem entendimento no sentido do afastamento do FP no cálculo das aposentadorias dos professores.

Lazzari entendeu ainda que a interpretação do § 9º do art. 29 do PBPS, com redação incluída da Lei n. 9.876/99, deve ser compatível com a proteção conferida à Previdência Social pela Constituição Federal de 1988. Esta, no art. 201, § 8º, assegura condições diferenciadas para a concessão de benefício de aposentadoria por tempo de contribuição ao professor que comprove exclusivamente tempo de efetivo exercício das funções de magistério.

Dessa forma, condenou o INSS a revisar a renda mensal inicial da aposentadoria mediante a exclusão do fator previdenciário negativo aplicado no cálculo concessório e a pagar à segurada os valores atrasados.

CAPÍTULO 10

Servidores não estatutários

Os servidores mencionados no art. 40, § 13, da Carta Magna, conhecem um regime previdenciário próprio.

Ele diz:

> O servidor ocupante, exclusivamente, de cargo em comissão declarado em lei de livre nomeação e exoneração, bem como de outro cargo temporário ou de emprego público, aplica-se o regime geral de previdência social.

São, portanto, três espécies de servidores não estatutários: a) cargo em comissão; b) cargo temporário; c) empregado público.

Praticamente todos os órgãos públicos da União, estados, DF e Municípios admitem esses trabalhadores que se quedam fora do RPPS e do fundo de pensão dos servidores.

Sem embargo de trabalharem ombro a ombro com os ocupantes de cargos efetivos, eles são obrigatoriamente filiados ao RGPS.

Nestas condições a eles se aplica a Fórmula 85/95 e o fator previdenciário exatamente como aos trabalhadores da iniciativa privada.

CAPÍTULO 11

Aposentadoria dos anistiados

Os anistiados são segurados que em diferentes períodos da nossa história recente foram atingidos, em decorrência de motivação exclusivamente política, por atos de exceção, institucionais ou complementares (Lei n. 6.683/79).

A ON MPAS/SPS n. 8/97, que revogou a ON MPS/SPS n. 4/94 disciplina a aposentadoria dessas pessoas.

Uma aposentadoria excepcional outorgada pela anistia é concedida com base no tempo de serviço. São considerados na contagem os períodos anteriores à destituição do emprego e o período compreendido desde a data de afastamento, até 5.10.88.

Sua DIB é 5.10.88, sem gerar feitos financeiros de qualquer espécie de caráter retroativo.

A renda mensal inicial será integral aos 35 anos de serviço (homens) e 30 (mulheres) anos de serviço.

Sua concessão independe dos pressupostos da legislação da previdência social, tais como tempo de serviço mínimo (carência), e o seu valor não decorre de salário de benefício.

O valor da mensalidade excepcional por anistia não está sujeito ao limite máximo previsto para os demais benefícios.

Quando da instrução, o INSS deverá observar a existência de elementos, na declaração de anistia, que permitam a segura identificação do anistiado quando do requerimento de benefício excepcional.

Os segurados anistiados pela Lei n. 6.683/79, ou pela Emenda Constitucional n. 26/85 que retornaram ou reverteram ao serviço ativo, farão jus ao benefício excepcional.

A legislação dos anistiados não fala em limite de idade, portanto, a ela não se aplica a Fórmula 85/95 nem o fator previdenciário.

CAPÍTULO 12

Servidores estabilizados

Entre os servidores que prestam serviços a Administração Pública na condição de filiados ao RGPS, encontra-se uma parcela significativa de trabalhadores cuja situação foi historicamente muito tumultuada.

Sobre eles diz o art. 19 do ADCT:

> Os servidores públicos civis da União, dos Estados e, do Distrito Federal e dos Municípios, da Administração direta, autárquica e das fundações públicas, em exercício na data da promulgação da Constituição, há pelo menos cinco anos continuados, e que não tenham sido admitidos na forma regulada no art. 37 da Constituição, são considerados estáveis no serviço público.

Há algum tempo, com base na ADIn STF n. 351, relatada pelo Ministro Marco Aurélio, em 14.5.14, in DJE de 5.8.14, entende-se que eles não são estatutários e, por conseguinte, se mantêm filiados ao RGPS.

Nessas condições, o seu tempo de contribuição deve ser considerado para os fins do fator previdenciário e da Fórmula 85/95, sem qualquer confusão com a Fórmula 95 da EC n. 47/05 que vale para o estatutário.

Note-se que se esse mesmo servidor não efetivo, em algum momento de sua vida profissional, foi estatutário no mesmo ente governamental ou em outro, mediante a contagem recíproca, terá o tempo de serviço considerado para os fins da Formula 85/95.

CAPÍTULO 13

Surgimento da Fórmula

A Fórmula 95 emergiu como elucubração doutrinária na década de 1990 e restou ignorada pela doutrina nacional, que a julgou uma excrescência enigmática, construção cerebrina, embora mais tarde sua concepção básica tivesse sido em parte aproveitada na EC n. 47/05 para o servidor público, depois de sugestão apresentada ao então ministro da Previdência Social Ricardo Berzoini.

Como antecipado, parte de sua rejeição se deu pelo fato de ser explicitada em uma fórmula matemática, ainda que com uma expressão simples e de fácil explicação.

As pessoas não compreendiam que ela permitia a aposentação de uma pessoa que começou a trabalhar mais cedo e, fundamentalmente, que importava apenas o resultado total da soma da idade com o tempo de contribuição, e não esses dois elementos em separado.

Quer dizer, diferentemente do X e Y de muitos países, era $X + Y = 95$ anos, sendo que X e Y são variáveis próprias de cada um e, destarte, arredando um limite de idade único.

Quem contribuiu por mais tempo poderia se aposentar mais cedo e também beneficiaria quem tinha mais idade. A partir de 5.11.15 com a exigência de que o tempo mínimo de contribuição tem de ser 30 e 35 anos (disposição constitucional sem cabimento técnico). "Acabou se criando com limite de idade."

Além de exposições em salas de aulas e congressos, ela foi divulgada sucessivas vezes no Suplemento Trabalhista LTr, cada vez mais aperfeiçoada.

A divulgação dessa nossa ideia ocorreu pela primeira vez no livro "Subsídios para um modelo de Previdência Social", São Paulo: LTr, 1992, pp. 53/54).

Mais tarde fez parte dos nossos "Comentários à Lei Básica da Previdência Social", São Paulo: LTr, 1992, pp. 191/200).

Foi amplamente desenvolvida no artigo "A Fórmula 95 ao alcance de todos em 95 perguntas e respostas", constante na revista do XIV Congresso Brasileiro dos Fundos de Pensão, Rio de Janeiro, ABRAPP, 1993, pp. 64/71.

Ou seja, nasceu no âmbito da Editora LTr nos cursos ali ministrados em todo o país. Porém, sem repercussão na doutrina nacional.

Nessa ocasião, ela compareceu em sua versão original:

TS = X + Y/Z ($K_1.K_2.K_3$) = 95 anos.

K_1 era um fator da mulher. K_2 da aposentadoria especial e K_3 representava a expectativa de vida dos segurados.

Note-se que pretendia incluir aplicação para a aposentadoria especial, o que foi descartado mais tarde.

Uma versão simplificada resultou em TS = X + Y/Z = 95, abandonando os K_s e, por último, chegou a atual X/Z + Y = 95 anos.

CAPÍTULO 14

Vigência e eficácia da lei

Publicada no Diário Oficial da União em 5/11/15, a Lei n. 13.183/15 adquiriu vigência nessa data.

Visto que não remeteu a qualquer regulamentação, pelo menos em parte, sua eficácia se dá na mesma data. Isso não deve ser confundido com a eficácia da Fórmula 95/95.

No que diz respeito e especialmente no que se refere aos prazos da progressividade, a sua data-base é 5/11/15.

Supõe-se que bastará alterar o Regulamento da Previdência Social – RPS (Decreto n. 3.048/99).

Quem se aposentou até 17.6.15 não poderá ser beneficiado pelas suas vantagens. Terá de tentar anular a concessão.

O que constava da MP n. 676/15 aprovado pelo CN e adquiriu vigência quando de sua publicação no DOU, em 18.6.15. A Emenda n. 45 que alterou a referida MP foi convertida na Lei n. 13.183/15.

Segundo o art. 8º, matéria de pensão por morte entrou em vigor em 3.1.16 (inciso I).

O § 5º, que foi vetado, entraria em vigor em 1º.7.16 (inciso II).

Por último, os demais dispositivos em 18.6.15 (inciso III).

CAPÍTULO 15

Obstáculos ao limite nacional

Boa parte da doutrina nacional e as lideranças sindicais durante muito tempo rejeitaram a ideia de um limite de idade para a aposentadoria por tempo de contribuição. Crê-se que mesmo em 2016 não o aceitam.

Essa concepção escorava na concepção jurídica do direito de trabalhar, com uma aposentação precoce (devido ao valor do benefício), autorizando o aposentado a voltar ao trabalho e assim complementar sua renda mensal. Mas, claro, contrariando a doutrina mundial previdenciária que consagra o *ocium com dignitat* somente aos 60/65 anos de idade.

Diante dessa posição, ainda que não fosse construção técnica (ela pretendia que a previdência social fosse um instrumento de distribuição da riqueza), restava encontrar uma solução que tornasse possível manter o benefício sem a existência de um limite nacional e, ao mesmo tempo, compensar a precocidade laboral.

Com a Fórmula 95, em função do seu tempo da contribuição, cada segurado opta por uma idade para requerer a aposentação: quanto maior o período de contribuição seria menor a idade mínima para isso.

Nesse sentido muitos contribuintes da região norte e nordeste restariam equiparados aos da região sul e sudeste do País, diminuindo parte das desigualdades que erodem a justiça social nacional. Todavia, tem sido bradar no deserto.

CAPÍTULO 16

Objetivo da inovação

Em primeiro lugar, a Fórmula 95 pretendia dar efetividade ao princípio constitucional da igualdade, de tal sorte que os hipossuficientes se tornassem iguais aos suficientes. Não só um raciocínio jurídico como um pensamento técnico, absolutamente lógico, adequado e conforme o sonho de todos os sociólogos.

O ideal seria que o trabalhador de baixa renda (que geralmente começa a trabalhar mais cedo) também pudesse usufruir da aposentadoria por tempo de contribuição. Especialmente aqueles moradores em estados em que a expectativa de vida é demograficamente menor.

Ao invés de idade e tempo de contribuição serem determinantes isolados da pretensão formal, mas uma soma desses dois elementos, totalizando 95 anos.

Destarte um homem 30 anos de contribuição e 65 anos de idade, totalizaria 95 anos e poderia se aposentar. Da mesma forma, um homem com 35 anos de contribuição e 60 anos de idade.

Ou seja, o exercício da liberdade individual previdenciária que se coaduna com o estado democrático de direito.

Com a Lei n. 13.183/15 um homem com 40 anos de contribuição e 55 anos de idade aposentar-se-á e o fará precocemente, não contrariando a tese de uma idade mínima para esse benefício. Ele teria vertido contribuições suficientes para isso mais do que aquele que apenas pagou por 35 anos.

Note-se que em um país continental e com disparidades regionais gritantes, não há um único limite de idade compatível; cada segurado terá o seu, em função do tempo de contribuição.

Isso significa mais volição para o cidadão poder programar o momento da sua aposentação e sem causar prejuízo ao equilibro atuarial e financeiro do plano de benefícios do RGPS.

Ainda que sejamos contrários a preservação da aposentadoria por tempo de contribuição significa a possibilidade de ela continuar existindo no país (até desaparecer).

Com o crescimento progressivo do total de anos provavelmente representará o fim desse benefício e sua substituição pela aposentadoria por idade.

Não tem por finalidade acabar com a aposentadoria por tempo de contribuição; ao contrário, mantê-la, mas caminha nessa direção na medida em que a idade mínima ultrapassará 65 anos de idade.

CAPÍTULO 17

Escopo governamental

A finalidade do fator previdenciário, imaginada pelo MTPS é o fato cultural de o brasileiro apreciar aposentar-se mais cedo. Ele teria diminuído o valor da aposentadoria e deixaria para obter o benefício quando o fator fosse igual ou superior a um.

Uma segunda intenção, a despeito de o RGPS adotar o regime financeiro de benefício definido, era estabelecer uma correspectividade individual entre o período de contribuição e o valor do benefício.

Fato que, é claro, somente valeria para o futuro.

Isso não significava que as contas fechariam, porque mesmo com o fator igual a um, os anos de contribuição e idade necessários ainda refletiam alguma precocidade jubilatória, comprada com a aposentadoria por idade nacional e média mundial.

Faltou ao Governo Federal uma campanha de esclarecimentos sobre o significado da previdência social, papel do fator e, ao mesmo tempo, o que nunca quis fazer: onerar o empresariado nacional com um seguro-desemprego que permitisse aos segurados, quando desempregados, sobreviver e adiar o momento da aposentação.

CAPÍTULO 18

Animus legislatoris

Em 2015 o Governo Federal enfrentava problemas políticos na condução do que designava como reforma da Previdência Social. O que mudou na pensão por morte rendeu-lhe prejuízos eleitorais significativos.

Sabia-se do elevado custo da aposentadoria por tempo de contribuição, que esta é praticada em pouquíssimos países no mundo, e que deveria ser revista objetivando evitar uma aposentação precoce dos brasileiros.

Além de imprópria a adoção, não chegou a cogitar um limite de idade único e nacional diante do cenário político a ser enfrentado, especialmente as lideranças sindicais que apoiam a Administração Pública.

Ouvia os técnicos nacionais e estrangeiros propondo o fim desse benefício ou limitando o momento da aposentação.

Consultados esses especialistas, eles informavam que se poderia pensar em uma solução provisória, pois nos próximos anos diminuiria os custos da Previdência Social com o benefício, ainda que posteriormente ele se elevasse.

Como existiam estudos, propostas e Projetos de Lei em andamento, o governo resolveu aproveitar-se do momento, ao tempo em que rejeitou a aprovação da decisão do Congresso Nacional e emitiu MP n. 676/15 (em substituição as emendas acrescidas à MP n. 664/14).

Emitira outra MP, contando com aprovação das lideranças sindicais que não desejavam um limite de idade, talvez até sem perceber que a Fórmula 85/95 tem esse limite de idade. Apagou um incêndio político sem se preocupar com propriedade científica dessa solução

Mas, aparentemente, o que mais estimulou a Casa Civil foi a presença constrangedora do fator previdenciário, jamais aceito pelos trabalhadores. A Fórmula 85/95 tornava possível dispensá-lo e assim conseguiu o consenso que precisava no Parlamento Nacional.

O objetivo é, ressalta-se *ad nauseam*, evitar a precocidade da aposentação sem considerar outros aspectos dessa solução.

CAPÍTULO 19

Variáveis da expressão matemática

A Fórmula 85/95 atualmente tem apenas duas variáveis: X, que significa a idade do segurado e Y, que representa o seu tempo de contribuição.

No cálculo, cada segurado preliminarmente apurará a sua idade e o seu tempo de contribuição para depois somá-los e verificar se atingem os anos mínimos necessários vigentes a época da aposentação.

Caso contrário, ele esperará para completá-los ou possivelmente terá de se submeter ao fator previdenciário. Nos meses de julho a dezembro de 2015, aproximadamente 54% dos trabalhadores optaram por essa última solução.

Um equívoco comum dos segurados consiste em pensar que se ele que totalizou 94 anos somente se aposentará dali a 12 meses.

Vejamos um exemplo.

Segurado com 35 anos de contribuição e 59 anos de idade. O total dá 94 anos.

Continuando trabalhando ou contribuindo dali a seis meses ele terá 35,5 anos + 59,5 anos, num total de 95 anos.

A Lei n. 13.183/15 chamou os 95 anos de pontos para promover certa distinção. O título não importa; o que interessa é verificar o resultado da adição.

Crê-se que mencionar anos é mais adequado porque o somado, são anos e não pontos. Em todo o caso a adição de períodos temporais tem de resultar em um número temporal (e não pontual).

CAPÍTULO 20

Constante da expressão matemática

A única constante é 95 anos ou 95 pontos, como se preferir. Ressalte-se *ad nauseam*: o segurado não precisa ter 95 anos de idade (*sic*), seria um rematado absurdo.

Segundo o § 2º do vigente art. 29-C do PBPS essa constante variará no tempo conforme a tabela abaixo:

I – 31 de dezembro de 2018 – 96 anos.

II – 31 de dezembro de 2020 – 97 anos.

III – 31 de dezembro de 2022 – 98 anos.

IV – 31 de dezembro de 2024 – 99 anos.

V – 31 de dezembro de 2026 – 100 anos.

A origem do número 95 chama a atenção e ele tem, pelo menos, três explicações.

Na ocasião, em 1990, julgamos que a aposentadoria por tempo de contribuição deveria ocorrer aos 60 anos de idade (na verdade, então, em média sucedia quase 10 anos antes).

Por outro lado o limite do percentual do salário de benefício era de 95%; mais tarde se tornou de 100%, no caso da aposentadoria integral.

Imaginávamos, embora isso não tivesse feito parte da fórmula de então, que quem tivesse 96 anos faria jus a 96% do salário de benefício e assim por diante até chegar a 100%.

CAPÍTULO 21

Definição de tempo de contribuição

De modo geral, o tempo de contribuição é um lapso de tempo, contado de data a data, desde o início até o término de atividade abrangida pela Previdência Social ou até DER de uma prestação em dinheiro.

Inclui os meses de contribuição facultativa e fruição de certos benefícios, descontados alguns períodos legalmente estabelecidos, tais como:

I – Interrupção de exercício da atividade.

II – Suspensão ou licença de contrato de trabalho, sem remuneração e contribuição previdenciária.

III – Depois do encerramento e até o reinício da atividade no caso do contribuinte individual.

IV– Exercitado no exterior para empresa estrangeira sem Acordo Internacional.

Conforme a IN INSS n. 77/15 a contagem do tempo de contribuição no RGPS observa o mês de 30 e o ano de 365 dias.

A partir de 5.11.15, somados todos os períodos válidos e o total dividido por 30, os dias que não completam o último mês não serão considerados. Havendo 420 deles, subsistirá o direito à aposentadoria por tempo de contribuição do segurado.

CAPÍTULO 22

Tipos de tempo de contribuição

Tempo de contribuição é um conceito amplo, variável e com várias especificidades históricas.

Inicialmente é necessário distinguir esses vários tipos ou nomenclaturas, alguns utilizados na lei e outros referidos na doutrina ou na jurisprudência.

Tempo de filiação é o período, data a data, em que o segurado esteve vinculado ao RGPS, inscrito ou não, normalmente contribuindo, podendo sem contribuição (caso da fruição de benefícios).

Tempo comum é o usual, vocábulo empregado apenas para distinguir do tempo especial (da aposentadoria especial).

Tempo simples é comum, o não dobrado (caso do tempo de guerra).

Tempo intercalado é o referente ao auxílio-doença (PBPS, art. 55, II).

Tempo convertido é o resultante da conversão, bastante comum na aposentadoria especial (PBPS, art. 57, § 5º).

Tempo recíproco é o portado mediante a contagem recíproca de tempo de serviço e que faz parte da CTC (PBPS, arts. 94/99).

Tempo de benefício é o período de manutenção de uma prestação, principalmente por incapacidade.

Tempo de mandado eletivo, o não contado para outro regime de previdência social (PBPS, art. 55, IV).

Tempo de contribuição da Lei n. 8.162/91.

Tempo ficto é o criado, caso da conversão ou da licença prêmio em dobro ou tempo dobrado da guerra.

Tempo do serviço militar obrigatório é o prestado pelos jovens alistados no Exército Nacional.

Tempo de serviço era o usual até que fosse substituído por tempo de contribuição (EC n. 20/98).

Tempo de fruição do salário-maternidade.

Tempo anistiado (Decreto-lei n. 864/69).

Tempo de mandato classista.

Tempo de empresário ou autônomo, antes da Lei n. 3.807/60 (LOPS).

Tempo de empregador rural (Lei n. 6.260/75).

Tempo de auxiliar local (Lei n. 8.745/93).

Tempo de aluno aprendiz (Decreto n. 6.722/08)

Durante o tempo de contribuição a pessoa verte contribuições, como é o caso do segurado obrigatório ou facultativo. Ele pode ser efetivo ou presumido, hipótese em que a empresa reteve ou não as suas contribuições (PCSS, art. 33, § 5º). É também o da contribuição devida, mas ainda não recolhida e a devida que esteja sendo cobrada pela RFB. Por último, a da contribuição decaída ou prescrita.

CAPÍTULO 23

Tempo do serviço militar

É computado:

I – serviço militar obrigatório, voluntário e alternativo, certificados na forma da lei por autoridade competente, quando não computados para inatividade remunerada nas Forças Armadas ou para aposentadoria no serviço público.

Assim definidos:

a) obrigatório – tempo prestado pelos incorporados às Forças Armadas ou matriculados em órgãos de formação da reserva.

b) alternativo (também obrigatório) – exercício de atividade de caráter administrativo, assistencial, filantrópico ou mesmo produtivo, em substituição às atividades de caráter essencialmente militares, prestado em organizações militares da ativa, em órgãos de formação de reserva das Forças Armadas ou em órgãos subordinados aos ministérios civis, mediante convênios entre tais ministérios e o Ministério da Defesa.

c) voluntário – prestado pelos incorporados voluntariamente e pelos militares, após o período inicial, em organizações da ativa das Forças Armadas ou matriculados em órgãos de formação de reserva ou, ainda, em academias ou escolas de formação militar.

A duração do tiro de guerra é avaliada. Entretanto, geralmente essa prestação de serviço militar é acumulada com uma atividade que filia o segurado ao RGPS.

O tempo militar propriamente dito, na contagem recíproca, como de serviço público militar, é computado.

CAPÍTULO 24

Períodos considerados

Há uma multiplicidade de situações históricas de tempo de contribuição (algumas, antes tidas como tempo de serviço).

I – atividade sem filiação obrigatória à Previdência Social, quando efetivada a devida indenização ao INSS.

II – em que a atividade exigia filiação obrigatória à Previdência Social como segurado contribuinte individual, mediante recolhimento específico.

III – em que a atividade teve filiação a um RPPS devidamente certificado pelo respectivo ente federativo, na forma da contagem recíproca, aproveitando o tempo líquido de efetivo exercício do trabalho.

IV – mandato classista da Justiça do Trabalho e o magistrado da Justiça Eleitoral junto a órgão de deliberação coletiva vinculado ao RGPS antes da investidura do mandato.

V – serviço público federal exercido anteriormente à opção pelo regime da CLT, salvo se aproveitado no RPPS ou certificado através de CTC pelo RGPS.

VI – em que a segurada recebeu o salário-maternidade.

VII – prestado à Justiça dos Estados, às serventias extrajudiciais e às escrivaninhas judiciais, desde que não tenha havido remuneração pelos cofres públicos e que a atividade não estivesse, à época, vinculada a RPPS, estando abrangidos:

a) dos servidores de Justiça dos Estados, não filiados a um RPPS, não remunerados pelos cofres públicos.

b) contratado pelos titulares das Serventias de Justiça, sob o regime da CLT, para funções de natureza técnica ou especializada, ou ainda, qualquer pessoa que preste serviço sob a dependência dos titulares, mediante salário e sem qualquer relação de emprego com o Estado.

c) dos servidores que na data da vigência da Lei n. 3.807/60 estivessem filiados ao RGPS, por força da legislação anterior, tendo assegurado o direito de continuarem filiados à Previdência Social.

VIII – o em que o servidor ou empregado de fundação, empresa pública, sociedade de economia mista e suas respectivas subsidiárias, filiado ao RGPS, tenha sido colocado à disposição da Presidência da República.

IX – atividade como ministro de confissão religiosa, membro de instituto de vida consagrada, de congregação ou de ordem religiosa, mediante os correspondentes recolhimentos, antes da Lei n. 6.696/79.

X – de detentor de mandato eletivo federal, estadual, distrital ou municipal, desde que não vinculado a qualquer RPPS, por força da Lei n. 9.506/97, ainda que aposentado.

XI – das contribuições recolhidas em época própria como contribuinte em dobro:

a) pelo detentor de mandato eletivo estadual, municipal ou distrital até janeiro de 1998.

b) pelo detentor de mandato eletivo federal até janeiro de 1999.

c) na ausência de recolhimentos como contribuinte em dobro ou facultativo em épocas próprias para os períodos citados nas alíneas "a" e "b", as contribuições poderão ser efetuadas na forma de indenização.

XII – atividade como pescador autônomo, inscrito na Previdência Social até 5.12.72, véspera do Decreto n. 71.498/72, ou inscrito, por opção, a contar de 2.9.85, com base na Lei n. 7.356/85.

XIII – atividade como garimpeiro autônomo, inscrito na Previdência Social urbana até 12.1.75, véspera do Decreto n 75.208/75, bem como o período posterior a essa data em que o garimpeiro continuou a recolher nessa condição.

XIV – tempo comprovado na Justiça federal.

XV – atividade do bolsista e o do estagiário que prestam serviços à empresa em desacordo com a Lei n. 11.788/08, portanto, na condição de empregado.

XVI – atividade do estagiário de advocacia ou de solicitador, desde que inscrito na OAB e que comprove recolhimento das contribuições como facultativo em época própria.

XVII – atividade do médico residente, nas seguintes condições:

a) anterior a 8.7.81, véspera da Lei n. 6.932/81, desde que indenizado.

b) a partir de 9.7.81, na categoria de contribuinte individual, ex-autônomo, desde que haja contribuição.

XVIII – recebimento de benefício por incapacidade:

a) não decorrente de acidente do trabalho, entre períodos de atividade, ainda que em outra categoria de segurado, sendo que as cotizações como contribuinte em dobro, até outubro de 1991 ou como facultativo, a partir de novembro de 1991 suprem a volta ao trabalho para fins de caracterização.

b) por acidente do trabalho intercalado ou não com período de atividade ou contribuição.

c) intercalado entre atividades ou contribuições, salvo quando se tratar de benefício decorrente de acidente do trabalho.

XIX – dos titulares de serviços notariais e de registros, ou seja, a dos tabeliães ou notários e oficiais de registros ou registradores sem RPPS, desde que haja o recolhimento das contribuições ou indenizações, observando que:

a) até 24.7.91, segurado empregador.

b) a partir de 25.7.91, data da Lei n. 8.213/91, como contribuinte individual a partir de 29.11.99, data da Lei n. 9.876/99.

XX – dos escreventes e dos auxiliares contratados por titulares de serviços notariais e de registros, quando não sujeitos ao RPPS, desde que comprovado o exercício da atividade, nesta condição.

XXI – o tempo de serviço público federal, estadual, do Distrito Federal ou municipal, inclusive o prestado a autarquia ou a sociedade de economia mista ou fundação instituída pelo Poder Público, devidamente certificado na forma da Lei n. 3.841/60, desde que a respectiva certidão tenha sido requerida na entidade para a qual o serviço foi prestado até 30.9.75, véspera da Lei n. 6.226/75, sendo considerado certificado o tempo de serviço quando a certidão tiver sido requerida:

a) até 15.12.62, nos termos da Lei n. 3.841/60, se a admissão no novo emprego, após a exoneração do serviço público, for até 14.12.60, véspera da publicação da Lei n. 3.841/60.

b) até dois anos a contar da admissão no novo emprego, se esta tiver ocorrido a partir de 15.12.60, data da Lei n. 3.841/60, não podendo o requerimento ultrapassar a data de 30.9.75, nos termos da Lei n. 6.226/75.

XXII – relativo as contribuições efetivadas por segurado facultativo, após o pagamento da primeira contribuição em época própria, desde que não tenha transcorrido o prazo previsto para a perda da qualidade de segurado.

XXIII – do trabalhador rural anterior à competência novembro de 1991.

XXIV – de contribuição ao RGPS que constar da CTC na forma da contagem recíproca, mas que não tenha sido, comprovadamente, utilizado ou aproveitado para aposentadoria ou vantagens no RPPS, mesmo que de forma concomitante com o de contribuição para RPPS, independentemente de existir ou não aposentadoria no RPPS.

CAPÍTULO 25

Contribuinte facultativo

Considera-se tempo de contribuição todas as contribuições vertidas como facultativo, observado o disposto no § 5º do art. 55, por servidor público civil ou militar da União, do Estado, do Distrito Federal ou do Município, bem como o das respectivas autarquias e Fundações, sujeito a RPPS, observando o que segue:

I – no período de 25.7.91, data da Lei n. 8.213/91, até 5.3.97, véspera do RBPS (Decreto nº 2.172/97), para o servidor público civil ou militar da União, do Estado, do Distrito Federal ou do Município, bem como o das respectivas Autarquias e Fundações, sujeito a RPPS.

II – no período de 6.3.97 até 15.12.98, véspera da EC n. 20/98, somente para o servidor público previsto no caput, que acompanhou cônjuge em prestação de serviço no exterior.

III – no período de 16.12.98 a 15.5.03, data da Lei n. 10.667/03, para o servidor público civil da União, inclusive de suas respectivas Autarquias ou Fundações, participante de RPPS, desde que afastado sem vencimentos.

IV – a partir de 16.12.98, data da publicação da EC n. 20/98, para o servidor público do Estado, do Distrito Federal ou do Município durante o afastamento sem vencimentos, desde que não permitida, nesta condição, contribuição ao respectivo regime próprio.

É vedado o cômputo de contribuições vertidas na categoria de facultativo a partir de 16.5.03, ainda que em licença sem remuneração, do servidor público civil da União, inclusive de suas respectivas Autarquias ou Fundações, observado o disposto no inciso III deste artigo.

CAPÍTULO 26

Períodos não computados

Não são computados os períodos:

I – relativo a emprego ou a atividade não vinculada ao RGPS.

II – do segurado amparado por RPPS, exceto se certificado regularmente por CTC consoante a contagem recíproca.

III – de parcelamento de contribuições em atraso ou de retroação de DIC de contribuinte individual até que haja liquidação declarada pela RFB.

IV – que tenham sido considerados para a concessão de outra aposentadoria pelo RGPS ou qualquer outro regime de previdência social, independente de emissão de CTC.

V – exercidos com idade inferior a 16 anos, prevista na Constituição Federal, embora o tema se mantenha em aberto e em discussão no Poder Judiciário.

VI – de contagem em dobro das licenças prêmio não gozadas, do servidor público optante pelo regime da CLT e os de servidor de instituição federal de ensino, na forma prevista no Decreto n. 94.664/87.

VII – do bolsista e do estagiário que prestam serviços à empresa, de acordo com a Lei n. 11.788/08, exceto se houver recolhimento à época na condição de facultativo.

VIII – exercidos a título de colaboração por monitores ou alfabetizadores recrutados pelas comissões municipais da MOBRAL, para desempenho de atividade de caráter não econômico e eventual, por não acarretar qualquer ônus de natureza trabalhista ou previdenciária, conforme estabelecido no Decreto n. 74.562/74, ainda que objeto de CTC.

IX – os períodos de aprendizado profissional realizado a partir de 16.12.98, data da EC n. 20/98, na condição de aluno aprendiz nas escolas técnicas, previstos no art. 76.

X – para efeito de concessão de aposentadoria por tempo de contribuição e CTC:

a) em que o segurado contribuinte individual e facultativo tiver contribuído com base na alíquota reduzida de 5% (cinco por cento) ou 11% (onze por cento) na forma do § 2º do art. 21 do PBPS, salvo se efetuar a complementação das contribuições para o percentual de 20%, conforme § 3º do respectivo artigo.

b) de recebimento do salário-maternidade da contribuinte individual, facultativa e as em prazo de manutenção da qualidade de segurado dessas categorias, concedido em decorrência das contribuições efetuadas com base na alíquota reduzida de 5% ou 11%, na forma do § 2º do art. 21 do PBPS, salvo se efetuar a complementação das contribuições para o percentual de 20%.

XI – do segurado facultativo ao mesmo tempo em que é servidor estatutário.

CAPÍTULO 27

Mensalidades em débito

A existência de débito relativo a contribuições devidas pelo segurado não é óbice para a concessão de benefícios quando excluído o período de débito, se preenchidos todos os requisitos legais para a concessão requerida, inclusive quando o período em débito compuser o PBC.

Sob um pedido do segurado, após a quitação do débito, caberá revisão do benefício.

Tratando-se de débito parcelado, o período de trabalho correspondente somente será utilizado para fins de benefício e CTC no RGPS, após a comprovação da quitação de todos os valores devidos.

A solução oficial da inexistência de direitos por parte do contribuinte individual em débito ainda não satisfaz. Se existem acréscimos legais para a inadimplência e possibilidade de parcelamentos nada obstaria o deferimento das prestações caso esses segurado operasse o pagamentos *a posteriori*. Até mesmo, o INSS retendo as parcelas necessárias quando da quitação da mensalidades do benefício.

Tal cenário injusto cria uma situação de desigualdade em relação aos trabalhadores descontados beneficiário da presunção de retenção e recolhimento.

CAPÍTULO 28

Tempo de serviço no exterior

Fórmula 85/95 e Acordo Internacional são dois itens de onerosa conciliação na legislação previdenciária. Ambos impõem legislação própria e ela praticamente não é bem divulgada.

Sob um tratado bilateral (e são muitos e estão se expandindo rapidamente), quando a Nação acordante com o Brasil possuir a aposentadoria por tempo de contribuição, o que certamente é raro, nada obstaria que o tempo de serviço realizado naquele país seja considerado reciprocamente nas duas nações celebrantes para fins de concessão do benefício.

Isso é a essência desses acordos bilaterais.

O usual é que o tempo de serviço seja sopesado para fins do período de carência, aposentadoria por invalidez e para a aposentadoria por idade.

Para ser considerado um tempo exercitado no exterior, é preciso que o país detenha esse tipo de solução como a Fórmula 85/95.

Como isso não existe, este fato não será possível e o tempo considerado terá de se submeter ao fator previdenciário exclusivamente aqui no Brasil.

Os acordos internacionais costumam dispor sobre ajustes posterior e essa seria a solução se não tivesse de enfrentar as dificuldades diplomáticas.

Tais conclusões não devem ser confundidas com o trabalhador brasileiro que presta serviços no exterior, mas se mantém filiado ao RGPS.

CAPÍTULO 29

Trabalho no exterior

Por definição, o trabalho no exterior não é exatamente a mesma coisa que trabalho no exterior válido no Brasil por força de Acordo Internacional.

Vários dispositivos do art. 11 do PBPS dispõe sobre a atuação de brasileiros ou pessoas aqui domiciliadas que vão prestar serviços fora do território nacional sem perda da filiação ao RGPS ou um RPPS.

Os principais são:

a) "o brasileiro ou o estrangeiro domiciliado e contratado no Brasil para trabalhar como empregado em sucursal ou agência de empresa nacional no exterior" (art. 11, I, c).

b) "o brasileiro civil que trabalha para a União, no exterior, em organismos oficiais brasileiros ou internacionais dos quais o Brasil seja membro efetivo, ainda que lá domiciliado e contratado, salvo se segurado na forma da legislação vigente do país do domicilio" (art. 11, I, e).

c) "o brasileiro ou estrangeiro domiciliado e contratado no Brasil para trabalhar como empregado em empresa domiciliada no exterior, cuja maioria do capital votante pertença a empresa brasileira de capital nacional" (art. 11, I, f).

Tais trabalhadores não têm necessidade de aqui recolher como facultativos (como sucede com aqueles que juridicamente se afastam do PBPS), uma vez que permanecendo como segurados obrigatórios no Brasil (e pode acontecer de também no país onde trabalhavam), sofrem retenções em suas remunerações.

Nestas condições, preenchidos os requisitos legais, sendo repatriados ou não, podem usufruir das vantagens da Lei n. 13.183/15.

CAPÍTULO 30

Mensuração do tempo de contribuição

Quando define o direito à aposentadoria por tempo de contribuição, o art. 201, § 7º, da Constituição Federal diz:

> I – trinta e cinco anos *de contribuição*, se homem, e trinta anos *de contribuição*, se mulher (grifos nossos)

Ao disciplinar a Fórmula 85/95, pontua o art. 29-C do PBPS, na redação da Lei n. 13.183/15:

> O segurado que preencher o requisito para a aposentadoria por tempo de contribuição poderá optar pela não incidência do fator previdenciário no cálculo de sua aposentadoria, quando o total resultante da soma de sua idade e de seu tempo de contribuição, incluídas *as frações*, na data de requerimento da aposentadoria, for: ... (grifos nossos).

Melhor explicitando as frações reza o § 1º:

> Para os fins do disposto no *caput*, serão somadas as frações em *meses completos* de tempo de contribuição e idade (grifos nossos).

No ensejo, vale recordar que para atender o início do art. 29-C, o segurado terá de provar o tempo de contribuição, devendo seguir o art. 57 do RPS:

> Considera-se tempo de contribuição o tempo, *contado de data a data*, desde o início até a data do requerimento ou do desligamento de atividade abrangida pela previdência social, descontados os períodos legalmente estabelecidos como de suspensão de contrato de trabalho, de interrupção de exercício e de desligamento da atividade (grifos nossos).

Quer dizer: dois requisitos de tempo e idade a serem considerados: a) data a data; b) meses completos.

De regra, na maioria dos casos, o segundo resultado será menor que o primeiro.

Três questões jurídicas podem ser suscitadas:

a) perda do segurado provenientes do § 1º do art. 29–C;

b) data do início da eficácia desse dispositivo;

c) significado da dicção "meses completos".

Como a Carta Magna fala em tempo de contribuição os dias que não completam um mês são de contribuição e deveriam e serão considerados. Assim quem trabalhou do dia 1º de um mês até o dia do mês seguinte, teria 40 dias e não apenas 30 dias.

Inovando em relação ao que era praticado até então (data a data), em função do *tempus regit actum*, o § 1º começou a ter eficácia a partir de 18.6.15, não valendo preteritamente.

O conceito de "meses completos" comportaria duas versões.

A primeira diz que somente os meses inteiros seriam considerados, desprezando as frações inferiores a 30 dias. Em uma hipótese remota, se somente tivesse períodos de trabalho inferiores a 30 dias faria *jus* à aposentadoria submetida ao fator previdenciário e não atenderia a Lei n. 13.183/15 (*sic*).

A segunda mandaria somar o tempo de contribuição, data a data, dividir o resultado por 30, apurando o número de meses completos. Se alguém tivesse 12.612 dias, ele teria: $12.612 \div 30 = 420$ meses + 12 dias. Para esse fim essa hipótese, somente os 12 dias seriam desprezados.

O *caput* do art. 29–C diz:

> O segurado que preencher o requisito para a aposentadoria por tempo de contribuição poderá optar pela não incidência do fator previdenciário no cálculo de sua aposentadoria, quando o total resultante da soma de sua idade e de seu tempo de contribuição, incluídas *as frações*, na data de requerimento da aposentadoria, for: ...(grifos nossos).

Com receio de não ter sido bem explícito no § 1º do mesmo artigo a Lei n. 13.183/15 determina:

> Para os fins do disposto no *caput*, serão somadas as frações em meses completos de tempo de serviço e idade (grifos nossos).

São perceptíveis duas conclusões relevantes.

Vernacularmente, o legislador equiparou o tempo de serviço ao tempo de contribuição.

Igual raciocínio valerá para os períodos considerados quando de benefícios por incapacidade.

No que diz respeito a idade, exceto se tiver nascido no primeiro dia de um mês também perderá os dias subsequentes ao dia primeiro.

CAPÍTULO 31

Tempo de contribuição após 17.6.15

O dia 18.6.15 é a principal data-base que separa a introdução da Fórmula 85/95 do sistema anterior, em que somente vigia o fator previdenciário.

Por conseguinte, a partir de 18.6.15 o tempo de contribuição é o descrito no art. 29-C do PBPS com a observação constante do seu § 1º.

Portando, a soma dos períodos contidos nos meses inteiros e das frações dos períodos não inteiros somente destoarão do cômputo tradicional no tocante ao último mês.

Vale dizer para quem detiver um período de 420 meses e 15 dias, tempo que o INSS considerará para o exame preambular do direito ao benefício, no que diz respeito à Fórmula 85/95 o segurado possuirá apenas os 420 meses, desprezando-se os 15 dias (que, se for o caso, serão considerados para os fins do fator previdenciário).

CAPÍTULO 32

Idade do segurado

Idade, para fins de concessão da aposentadoria por idade e definição da aplicação da Fórmula 85/95, é a natural da pessoa humana, constante da Certidão de Nascimento ou Certidão de Casamento, a ser exibida ao INSS.

No caso de divergência entre essas declarações, ouvidos os respectivos cartórios, prevalecerá a Certidão de Nascimento.

Se o segurado não dispuser de qualquer documento reconhecido, ele deverá fazer a prova por intermédio de perícia médica especializada operada em seu organismo por pessoa para isso devidamente habilitada.

Na hipótese de não haver certeza médica, nada impede que também seja promovida a definição a partir de ação declaratória na Justiça Federal.

O INSS rejeita essa prova mediante simples justificação administrativa, exigindo documento público.

A idade será aferida a partir da data do nascimento, mês e ano.

Neste caso, exceto para quem nasceu no dia 1º de um mês será data a data: data do nascimento e data da DER.

CAPÍTULO 33

Provas da contribuição

O ônus da prova do tempo de contribuição é do pretendendo ao benefício, bastante simplificada com a implantação do Cadastro Nacional de Informações Sociais – CNIS (Decreto n. 4.032/01).

Antes disso, basicamente com a CTPS ou o Livro Registro de Empregados. Para o autônomo, a inscrição na Prefeitura Municipal. Para o empresário, o Contrato Social.

Esses dois contribuintes individuais também podem demonstrar com a apresentação dos carnês de pagamento.

Um eclesiástico fará a prova com documento emitido pela Igreja da qual faz parte, desde a ordenação até a DER. Como a eventualíssima excomunhão não retira canonicamente a condição de sacerdote, todo o tempo do ministério religioso será válido. Exceto se recolhidas as contribuições como facultativo, não se conta o tempo de seminarista.

O cooperado desde a declaração da cooperativa de trabalho ou de produção.

No caso do ex-servidor, a CTC emitida pelo órgão público.

Em se tratando de estrangeiro, o documento do seu país de origem, depois de traduzido.

A justificação administrativa é um meio que facilita essa convicção.

Em nosso "A Prova no Direito Previdenciário" (São Paulo: LTr, 4. ed.) arrolamos mais de 600 meios de prova.

CAPÍTULO 34

Expectativa de direito

Quem antes de 18.6.15 não atendia os 85 ou 95 anos espera completá-los mais adiante.

Tal segurado não detinha o direito nem o direito adquirido à aposentadoria por tempo de contribuição. Quedava-se na figura jurídica da expectativa de direito.

Poderia ter 35 anos de contribuição, mas não 60 anos de idade. A norma passou a exigir essa idade mínima para ser desobrigado do fator previdenciário. Logo com menos de 95 anos ele poderia se aposentar, mas teria de se submeter ao fator previdenciário.

Suponha-se que tivesse 35 + 58 = 93 anos. Dali a 12 meses teria 36 + 59 = 95 anos.

Pode dar-se, também de ter 60 anos de idade e 33 anos de contribuição, sem direito ao benefício. Deixaria o cenário da expectativa de direito caso esperar mais 12 meses para se aposentar. Ficaria com 35 + 62 anos = 97 anos.

CAPÍTULO 35

Direito adquirido

Primeiro, são aclarados alguns conceitos técnicos:

a) ausência de direito; b) mera pretensão; c) expectativa de direito; d) direito simples; e) direito adquirido. E até a extinção do direito.

Um trabalhador não filiado ao RGPS não faz jus à aposentadoria por tempo de contribuição ora cogitada.

O segurado longe de somar os 95 anos tem uma mera pretensão de realizá-los adiante, sujeito às mudanças supervenientes. Trata-se do direito em formação.

Um segurado próximo desse total, por exemplo, com 94 anos queda-se na expectativa de direito, mas não chegou aos 95 anos.

O direito simples nasce com o segurado que completar os 95 anos; para ele não poderá mais ser modificado esse requisito.

Ultrapassado esse momento, posteriormente, a qualquer tempo terá direito adquirido e uma nova lei não o alcançará.

São raros, mas existem direitos extinguíveis, caso do vetusto pecúlio da Lei n. 8.870/94.

Tratando de um viés desse tema o § 4º do art. 29–C do PBPS reza:

> Ao segurado que alcançar o requisito necessário ao exercício da opção de que trata o *caput* e deixar de requerer aposentadoria será assegurado o direito à opção com a aplicação da pontuação exigida na data do cumprimento do requisito nos termos deste artigo.

Quer dizer, se um segurado preencheu os requisitos legais até data-base de 18.6.15 e não tenha solicitado o benefício, chegando a 31.12.18 não lhe serão exigidos os 86/96 anos.

Note-se que essa regra diz respeito tão somente ao requisito temporal do benefício e não alude ao cálculo da renda mensal inicial. Nesse momento, passados 3 anos, o seu salário de benefício e fator previdenciário serão outros e possivelmente melhores.

CAPÍTULO 36

Principais hipóteses

Nos exemplos seguintes trabalha-se com um segurado do sexo masculino, ou seja, aquele que terá de cumprir a soma dos 95 anos.

O cenário ordinário é: X igual 35 anos e Y igual a 60 anos.

35 + 60 = 95 anos.

Como a lei exige um tempo mínimo de 35 anos de contribuição não será possível chegar aos 95 anos somando-se 34 anos de contribuição com 61 anos de idade.

Nesse caso específico o segurado terá de esperar mais 12 meses completos para se aposentar, pois 35 + 62 = 97 anos.

Verdadeiramente não existe um tempo de contribuição máximo, apenas um limitador próprio da idade da pessoa. Admitindo-se que cumpra a Carta Magna e tenha começado a trabalhar com 16 anos, sem interrupção dos diversos vínculos, quando chegar aos 60 anos terá 44 anos de contribuição e totalizará 104 anos. Acima do exigido.

Muitos trabalhadores começaram a trabalhar com 14 anos e, nesses casos, terão, então, 46 anos e então terão 46 + 60 = 106 anos.

Excepcionalmente, operando com a idade mais baixa já acolhida pelo STF, no Paraná, de um menino de 10 anos, e destarte teríamos 50 + 60 = 110 anos.

Por último, como não existe idade máxima as principais circunstâncias hipóteses seriam:

35 + 60 = 95

36 + 59 = 95

37 + 58 = 95

38 + 57 = 95

39 + 56 = 95

40 + 55 = 95

CAPÍTULO 37

Exigência menor para seguradas

Esse é um questionamento histórico, antropológico e sociológico. Principalmente em razão da mulher atualmente, no Brasil, viver cerca de cinco a seis anos mais que os homens.

Origem histórica

A origem é remota, provém da Lei Eloy Marcondes de Miranda Chaves (Decreto Legislativo n. 4.682/23), que distinguia a mulher em relação aos homens e se manteve em relação à aposentadoria por tempo de contribuição, idade, rural, da pessoa com deficiência e, estranhamente, não foi observada em relação à aposentadoria especial (exige 25 anos para ambos os sexos, ignorando a fragilidade feminina).

Ab initio, qualquer estudo cuidando do tema terá de considerar de qual mulher cogitará, pois as hipossuficientes não são iguais as suficientes.

Os motivos materiais alegados são vários:

a) constituição física; b) ônus da maternidade; c) dupla atividade; d) trabalho exercido; e) envelhecimento precoce; f) discriminação masculina.

Constituição física

Embora seja capaz de suportar a dor mais que do homem e, ao mesmo tempo ser mais sensível, muscularmente as mulheres não se equiparam aos homens. A prova disso presencia-se nos resultados das Olimpíadas. Nessas condições, ela deveria se afastar antes.

Ônus da maternidade

Sucessivas maternidades afetam o organismo da segurada, de tal sorte que embora viva mais do que o homem, ela enfrenta sofrimentos quando da degeneração etária do seu corpo.

Dupla atividade

A mulher é sobrecarregada com o desgaste da atividade profissional em conjunto com as tarefas domésticas. Padece mais que o homem na educação dos filhos. Mesmo aos Sábados e Domingos ela continua ativa, enquanto o seu marido descansa. É ela quem cuida dos pais já velhinhos ou doentes.

Trabalho exercido

Pelo menos no passado, no começo do Século XX, as mulheres trabalhavam apenas nas tecelagens ou em serviços penosos. As colhedeiras de alho sofriam porque tinham de se debruçar no solo.

Envelhecimento precoce

A despeito de todo o avanço dos cosméticos e das cirurgias restauradoras, e da malhação, especialmente no que diz respeito às trabalhadoras rurais, a mulher envelhece fisicamente mais depressa que o homem.

Discriminação masculina

Os machistas ainda querem as mulheres em casa e fazendo o pesado serviço doméstico. Isso está escondidindo no subconsciente do legislador masculino.

Estudo atual

Tais razões apontam para a diminuição da idade para a aposentadoria das mulheres e são bastante consideráveis. Nesse estudo, repete-se, é imprescindível distinguir de quais mulheres se estará tratando, pois, por variadas razões, muitas delas estão equiparadas aos homens, inclusive no que diz respeito às pressões sociais, familiares e profissionais.

CAPÍTULO 38

Contagem recíproca

Contagem recíproca é um mecanismo legal tradicional que permite a um segurado filiado a um RPPS computar o tempo de contribuição anterior proveniente do RGPS para os fins dos benefícios no serviço público e, vice-versa, portar esse tempo de contribuição de um RPPS para o RGPS.

Portanto, são duas instituições distintas envolvidas: a) do RGPS para um RPPS e b) de um RPPS para o RGPS.

A matéria está disciplinada nos arts. 94/99 do PBPS e na IN INSS n. 77/15, não pairando grandes dúvidas doutrinárias.

O documento que se presta para esse transporte legal é a Certidão de Tempo de Contribuição. Ele tem certa semelhança com o Termo de Portabilidade da previdência privada (LC n. 109/01).

Por ora, abstraindo os efeitos da Fórmula 95 decorrentes da EC n. 47/05, diretamente a Lei n. 13.183/15 não tem eficácia no serviço público.

Quer dizer, no serviço público o tempo de contribuição é considerado e adicionado, feita a ressalva inicial, mas não tem serventia para efeitos da Fórmula 85/95 porque ela não se aplica ao servidor.

Por outro lado, considerando-se a EC n. 47/05 o tempo de contribuição trazido da iniciativa privada produzirá efeitos com vistas a essa Emenda Constitucional (que é uma modalidade de Fórmula 95).

No que diz respeito ao trabalhador da iniciativa privada as coisas são mais simples, o tempo de contribuição do servidor público que se filia ao RGPS é considerado e para os fins da Fórmula 85/95.

Destarte, alguém com 60 anos de idade que trabalhou 20 anos no serviço público como servidor efetivo e 15 anos para uma empresa privada atende os requisitos da Lei n. 13.183/15 completará os 95 anos.

Estranhamente o STF não acolhe a conversão do tempo especial para fins da aposentadoria especial do servidor (RE n. 788.025 – AgR-2º, relator Ministro Ricardo Lewandowski, da 2ª Turma do STF, decisão de 16.8.14, disponível em: < htpp://www.dje.tj.sp.gov.br>. Acesso em : 4 set.2014.

CAPÍTULO 39

Cumulação com o auxílio-acidente

Quando o segurado sofre acidente do trabalho ou é vítima de acontecimento traumático de qualquer natureza e resta com sequela diminuidora de sua aptidão profissional, ele tem direito a prestação com caráter definitivo. Definitividade, doutrinariamente discutível.

O auxílio-acidente é benefício vitalício, não substituidor dos salários, sem natureza alimentar total, devido ao segurado após sofrer acidente do trabalho e fruir o auxílio-doença acidentário, caso tenha permanecido com sequela, como as elencadas no Anexo III do RBPS. Isto é, ser portador de diminuição parcial da capacidade laboral, verificada na época da cessação daquele benefício provisório.

Pouco importa se essa redução do empenho em exercer a atividade habitual vier a ser superada pelo esforço próprio do trabalhador, por processo de reabilitação profissional ou por qualquer outro tipo de cura.

Prestação de pagamento continuado, geradora de abono anual, incorporável à pensão por morte, é vantagem não acumulável com qualquer aposentadoria.

Trata-se de direito condicionado à perícia médica e só por isso, diante da nebulosa descrição legal, de difícil mensuração da perda da capacidade do trabalhador, provoca reflexão dos estudiosos, perplexidade dos examinadores e desconforto e inconformidade do titular do benefício, capaz de gerar dissídios infindáveis em matéria fática.

Tanto quanto o auxílio-doença acidentário, tido como seu pressuposto lógico e jurídico, dispensa o período de carência.

Deriva do conceito básico de acidente, de suas formas extensivas ou da doença profissional ou do trabalho, caso implique perda da capacidade laborativa ou se for capaz de impedir o obreiro de desempenhar sua atividade como dantes. Como antecipado, pode provir também de acidente de qualquer natureza ou causa.

Trata-se de indenização paga socialmente por terceiros (INSS) por dano causado ao trabalhador, não confundível com a indenização civil aludida no art. 7º, XXVIII, da CF, prestação, esta, devida pela previdência social e custeada coletivamente pelas contribuições patronais.

As três hipóteses legais, previstas até a alteração havida em 29.4.95, melhor configuravam o direito, com incapacidades parciais para o trabalho.

Na primeira delas havia redução capaz de impor esforço ou necessidade de adaptação para o exercício da mesma atividade, com ou sem reabilitação profissional. A título de exemplo, o profissional tinha de imprimir maior energia física ou intelectual ou precisava acomodar-se para poder realizar a tarefa anteriormente realizada.

Na segunda, a sequela era mais grave, chegando a impedir o cumprimento das tarefas habituais, não se estendendo, portanto, a outras atividades. Entretanto, isso tudo avaliado após a reabilitação profissional, em se tratando, essa outra função laborativa, de complexidade igual à anterior.

A terceira situação só diferia da segunda no pertinente à diversidade complexa da profissão para a qual fora reabilitado, ou seja, menor em comparação com a habitual.

Em 1991, com o art. 86 desapareceu o auxílio-suplementar, restando apenas o auxílio-acidente, reduzido a 50% do salário de benefício, a partir de 29.4.95. De acordo com o item 10.3 da Orientação Normativa SPS n. 5/96, o auxílio-acidente não se incorpora à pensão por morte, mas a Lei n. 9.528/97, alterando o texto do art. 86, § 3º, permitiu a fruição cumulativa.

A Lei n. 9.129/95 introduziu significativa alteração no conceito. Seu art. 5º rezava:

> O auxílio-acidente será concedido como indenização ao segurado quando, após a consolidação das lesões decorrentes de acidentes de qualquer natureza, resultar sequelas que implicam redução da capacidade funcional.

O acidente de qualquer natureza ou causa pode ser visto, pela primeira vez, no art. 26, II, do PBPS, em que sua presença dispensa o período de carência para o auxílio-doença e a aposentadoria por invalidez.

Esse instituto precisa ser apreendido. Com certeza não será o acidente do trabalho propriamente dito, descrito nos arts. 19 a 21 do PBPS. Refere-se ao acontecimento traumático doméstico ou não, sucedido nos momentos de não execução de trabalho, gerador de inaptidão por mais de 15 dias.

Inexiste identidade entre o acidente de trabalho e esse fato de qualquer natureza. Continuam distintos; o segurado classificado na segunda hipótese não foi vítima de infortúnio laboral, não tem justiça especializada como competente, nem faz jus aos benefícios acidentários. Pura e simplesmente ao auxílio-doença comum. Aliás, não goza da estabilidade provisória do art. 118 do PBPS.

Possivelmente, nessas condições, afastar-se-á da infortunística, ficando próximo das incapacidades decorrentes de doenças ou enfermidades e perderá o anacrônico vezo moral das prestações acidentárias.

Alterando o art. 86 do PBPS e inovando outra vez, a Lei n. 9.528/97 determinou:

> A perda da audição, em qualquer grau, somente proporcionará a concessão do auxílio-acidente, quando, além do reconhecimento da causalidade entre o trabalho e a doença, resultar, comprovadamente, na redução ou perda da capacidade para o trabalho que habitualmente exerce.

O benefício tem início no dia seguinte ao da cessação do auxílio-doença acidentário, e exatamente por isso não é acumulável (podendo, no entanto, assim se apresentar com outro, se posteriormente concedido). Logo, se há prorrogação do primeiro auxílio-doença, é imprescindível haver dedução do valor do auxílio-acidente recebido no interregno. No caso do "qualquer natureza ou causa", após o auxílio-doença comum.

O PBPS fixava o valor do auxílio-acidente, válido até 28.4.95, em 30%, 40% ou 60% do salário de contribuição do dia do sinistro (reajustável à data do início do benefício), não podendo os mesmos percentuais apresentar-se inferiores ao salário de benefício, adotando-se, de pronto, o maior. Ou seja, cessado o auxílio-doença acidentário, pressuposto do auxílio-acidente, era preciso recorrer ao cálculo de sua renda mensal inicial para apurar o valor do auxílio-acidente. Isto é, era de 91% "do salário de benefício ou do salário de contribuição vigente no dia do acidente, o que for mais vantajoso, caso o benefício seja decorrente de acidente do trabalho" (PBPS, art. 61, *b*).

Encontrado o *quantum* nos autos do processo de concessão do auxílio-doença acidentário convinha atualizá-lo até a data de início do auxílio-acidente. Se a opção fora a de 91% do dia do acidente, dispensado o cálculo do salário de benefício, bastava dividir o montante mantido por 100 e multiplicar por um dos três coeficientes do auxílio-acidente, pois, mantido, ele necessariamente estava atualizado.

A partir de 29.4.1995, como antecipado, o valor passou a ser de 50% do salário de benefício.

A lei estabelece regra particular de acumulação de benefícios, distinta das previstas no art. 124 do PBPS e, a elas a ser acrescida, admitindo a percepção conjunta de auxílio-acidente com qualquer outro benefício previdenciário de segurado, à exceção das aposentadorias. A menção a "salário", próxima da referência à "remuneração" (§ 2º), é cochilo do legislador. Em ambos os casos, remuneração.

Adicionar o valor desse benefício à aposentadoria é questão aberta quando o aposentado tem renda mensal igual ao limite do salário de contribuição. O Poder Judiciário manifestou-se iterativamente no sentido da inclusão do auxílio-acidente à aposentadoria por idade, especial ou por tempo de serviço, inferindo-se de algumas decisões a possibilidade de esse valor ser somado ao máximo permitido e, assim, o segurado ultrapassar o limite (R$ 5.189,82, em 2016).

Uma concessão e a manutenção vitalícia do auxílio-acidente pressupõem a perda da capacidade do trabalhador, em redução percentualizada pela perícia médica (50%). Assim, exemplificativamente, se o segurado recebia R$ 5.189,82 da empresa para a qual trabalhava e passa a ter auxílio-acidente de metade desse *quantum*, admite-se, conceitualmente, estar recebendo apenas 50% de remuneração. O benefício acidentário reporia a perda.

Com o decurso do tempo, porém, em muitos casos, o percipiente dos 50% consegue retornar aos 100% do salário. Em tal hipótese, aposentando-se pelo limite do salário de contribuição do mês de início da prestação, não tem sentido lógico a percepção conjunta dos dois benefícios. Em contrário, auferirá 150%, arrostando a natureza substitutiva da prestação previdenciária.

Por força da Lei n. 9.032/95, o *caput* e o § 1º do art. 86 foram inteiramente alterados como segue:

> O auxílio-acidente será concedido, como indenização, ao segurado quando, após a consolidação das lesões decorrentes de acidente de qualquer natureza que impliquem redução da capacidade funcional.

A Lei n. 9.032/95 uniformizou o nível do auxílio-acidente em 50%, tornando ineficazes os três incisos do art. 86 e revogando o § 1º.

Essa medida adotada não podia ser aplaudida, embora simplificasse a tarefa do INSS. As situações encontradas pelos médicos-peritos não são iguais, e as três circunstâncias contempladas na Lei n. 8.213/91 eram superiores à generalidade da nova. A Lei n. 9.032/95 descreve diferentemente a situação fisiológica capaz de deflagrar o benefício, não mais as três versões dos incisos I, II ou III.

Nivela todas as sequelas e isso não é bom, especialmente lembrando-se a função técnica do benefício acidentário, recompor a capacidade de ganho do trabalhador, aptidão física diminuída pelo acidente. A redução da capacidade funcional varia extraordinariamente, e a todos os segurados será ministrado o mesmo percentual.

O espectro, da sequela mínima (não justificando recomposição) à máxima (caso de concessão da aposentadoria por invalidez), é largo para ser aferido por um único percentual. O texto terá de ser refeito no futuro.

Quem teve o fato gerador do benefício determinado até 28.4.95, mesmo o requerendo após essa data, se configurar a hipótese prevista no inciso III do art. 86, fará jus aos 60% da lei anterior. É direito adquirido.

Fica evidente, ainda uma vez, a deliberada intenção de apagar da legislação menções ao acidente do trabalho. Acostando-se a dispensa de carência do art. 26, II, acolhe, além das laborais (acidentárias, portanto), as provindas de acidente de qualquer natureza ou causa, inovando em relação à Lei n. 8.213/91.

Os §§ 4º e 5º do art. 86 foram revogados pelo art. 8º da Lei n. 9.032/95. Por sua vez, a atual norma vigente é a redação dada pela Lei n. 9.528/97.

Falecendo o segurado, se a fatalidade não é acidentária, o seu valor é somado à pensão por morte.

Nesse caso, o resultado poderá ultrapassar o limite do salário de benefício previsto no art. 29, § 2º, do PBPS? A leitura do § 5º parece indicar positivamente, pois ali se limita a adição ao valor máximo do salário de benefício e no § 4º não há igual regra. Contudo, essa não é a melhor leitura do dispositivo: se, com a morte acidentária, deflagra-se proteção maior, restringe-se ao teto do salário de contribuição, não se poderia ultrapassar no caso de morte não acidentária, menos protegida pela lei previdenciária.

Garante o último parágrafo do art. 86 a inclusão do valor do auxílio-acidente para o segurado morto em razão de outro acidente, restrita a incorporação ao teto do maior salário de benefício. O alcance vertical da previdência social seria suficiente para a subsistência do inativo, limitada a natureza substitutiva da prestação ao teto previdenciário.

Contrariando a natureza substitutiva do benefício, a Justiça Federal tem decidido incorporar o benefício às aposentadorias, quando permitido, sem preocupação com o limite do salário de benefício.

Pela sua natureza de benefício não substituidora dos salários, ele pode ser percebido conjuntamente com a remuneração como empregado ou outros ingressos de trabalhador independente.

Em suma, a percepção do auxílio-acidente não pode ser acumulada com a aposentadoria por tempo de contribuição, mas o seu valor será somado ao salário de contribuição desta última prestação.

CAPÍTULO 40

Interferência na desaposentação

A desaposentação pende de julgamento no STF desde 2010. Se tal tese ali prosperar será preciso considerar a Fórmula 85/95 quando da aposentação e da desaposentação.

No caso daquele que continuou trabalhando ou vertendo contribuições, antes se submeteu ao fator previdenciário, poderá dispensá-lo quando da desaposentação.

Ou seja, serão duas verificações da idade e do tempo de contribuição, sendo certo que tendo preenchido os 95 anos no primeiro benefício, *a fortiori* terá muito mais no segundo e o acréscimo do tempo de contribuição só era sentido em face da aplicação do fator previdenciário, que, então, poderá ser superior a um.

De modo geral, tradicionalmente e conforme o RGPS, o tempo de contribuição é mensurado de data a data. Em se tratando de empregado, da data de admissão até a data da demissão.

Antes de considerar a aplicação da Fórmula 85/95 essa modalidade era utilizada pelo INSS e continuará a ser com parte da definição do direito ao benefício.

Todavia, a Lei n. 13.183/15 manda desprezar os dias finais da soma dos meses não completados.

Para fins do cálculo do tempo de contribuição preliminar da definição do direito ao benefício um exemplo prático ilustrará como o INSS agirá.

Primeiro, com períodos inteiros: segurado admitido em 1.1.15 e demitido em 31.12.16.

    31.12.16

    – <u>01.01.15</u>

    30.11.01

Como a autarquia federal considera meses com 30 dias, ter-se-á: 30 dias + 11 meses, correspondente a exatos dois anos.

Segundo, um exemplo com períodos não inteiros.

Empregado admitido em 07.03.15 e demitido em 07.03.16.

   07.03.16

- 07.03.15

   00.00.01

Acrescentando-se um dia ficará 01.00.01, ou seja, um ano e um dia. Os dois dias 7 fazem parte do cálculo.

Depois da Lei n. 13.183/15, sendo considerados apenas meses inteiros, teríamos:

   01.71

  -12.15

   00.35 anos

Registra-se a situação dos antes aposentados que após 5.11.15 completaram os 95 anos. Preenchidos os requisitos doutrinários da desaposentação, voltaram a contribuir após a aposentação, farão jus a dispensa do fator previdenciário na desaposentação. Lembra-se que o supedâneo científico da desaposentação é o equilíbrio atuarial e financeiro, e que as contribuições vertidas após a aposentação e a restituição das mensalidades recebidas fomentarão a majoração da futura renda mensal inicial.

Quem se aposentou em setembro de 2015 e contribuiu nos meses de outubro/janeiro de 2016, atendendo a Fórmula 95, terá de devolver apenas quatro mensalidades, dispensando o fator e será bastante favorecido.

CAPÍTULO 41

Progressividade do total de anos

Depois de estabelecer as regras que valerão até 30.12.18, diz o art. 29–C, § 2º, do PBPS:

"As somas de idade e de tempo de contribuição previstas no *caput* serão majoradas em um ponto em:

I – 31 de dezembro de 2018;

II – 31 de dezembro de 2020;

III – 31 de dezembro de 2022;

IV – 31 de dezembro de 2024;

V – 31 de dezembro de 2026".

Significa dizer que:

– Fórmula 86/96 anos implantada em 31.12.18.

– Fórmula 87/97 anos implantada em 31.12.20.

– Fórmula 88/98 anos implantada em 31.12.22.

– Fórmula 89/99 anos implantada em 31.12.24.

– Fórmula 90/100 anos implantada em 31.12.26.

Não se saber por que se adotou o último dia do ano em vez de se utilizar do primeiro dia do ano.

CAPÍTULO 42

Natureza jurídica da Lei n. 13.183/15

A Lei n. 13.183/15 alterou o Plano de Benefícios da Previdência Social – PBPS (Lei n. 8.213/91), que é uma lei orgânica e geral.

Assim, essa nova norma ordinária resultante da conversão da Medida Provisória n. 676/15, é uma lei especial alteradora da legislação, investindo-se no caráter de lei orgânica e geral.

Quando define a aposentadoria por tempo de contribuição, o art. 201, § 7º, da Carta Magna diz que será aos "trinta e cinco anos de contribuição, se homem, e trinta anos de contribuição se mulher", não explicitando o tempo de contribuição nem o período de carência, uma vez que, por seu turno, no mesmo texto assevera que será "nos termos da lei".

Nessas condições, a mencionada Lei n. 13.183/15 é constitucional. Mas, assim não pensa a ANAMATRA, segundo a qual há ofensa ao art. 246 da Lei Maior (por originar-se de Medida Provisória), não ter sido estendida aos servidores (sic), contrariar o princípio da vedação do regresso (sic) e não haver elementos demográficos e atuariais que a sustentassem ("Inconstitucionalidade da Fórmula 85/95", disponível em: <http://www.sinjus.com.br? Acesso em: 3 set. 2015. Elementos esses também não relatados.

A Lei n. 13.183/15 é lei ordinária e se insere em mais uma delas a justificar uma terceira Consolidação das Leis da Previdência Social (duas vezes historicamente tentada) e até mesmo um Código de Direito Previdenciário.

CAPÍTULO 43

Essência da Fórmula 85/95

De regra os benefícios da previdência social reclamam a qualidade de segurado (mantida), o período de carência (não alterado) e o evento determinante, este sim, modificado, sem qualquer participação no cálculo da renda mensal inicial.

Por seu turno, a exemplo do salário de benefício, o fator previdenciário, oferecido como opção, é um elemento do cálculo da renda mensal da prestação.

A aplicação da Fórmula 85/95 resulta em um requisito adicional, aliás, também oferecido ao segurado. Além dos três elementos tradicionais, que o INSS examinará (primeiro, adotando conceito próprio e tradicional de tempo de contribuição, não coincide exatamente com o tempo de contribuição da fórmula).

Na instrução do pedido o INSS examinará primeiro o requisito tradicional do benefício, contando o período ou períodos data a data e depois, se o segurado tem 420 meses completos, o que não é a mesma coisa. Mas a diferença será pequena.

Por exemplo, quem se filiou em 1º.1.71 e permaneceu no mesmo emprego até 31.12.15 fará jus ao benefício, coincidentes os dois requisitos porque são 420 meses inteiros. Se quiser, pode dispensar o fator previdenciário.

CAPÍTULO 44

Distinção entre a Fórmula 95 e a 85/95

Não são muitas as diferenças entre as duas expressões. A que foi aprovada deixa claro que as mulheres precisarão apenas de 85 anos, mas elas realmente são distintas em outro aspecto (ainda que se considere apenas a terceira versão da Fórmula 95).

A Fórmula 95 diz $X + Y = 95$ anos e a única constante da expressão é o total de anos exigidos (95). Não há tempo mínimo de contribuição ou de idade e na Fórmula 85/95, permanece essa constante (95), todavia, para não ser acusada de contrariar o art. 201 da Carta Magna, existem tempos mínimos de contribuição: 30 para mulheres e 25 para os homens, o que não acontece na Fórmula 95.

A Fórmula 95 aceita qualquer idade possível para o tempo de contribuição (claro, levando em conta a idade mínima para a filiação ao RGPS).

Assim, um homem com $X = 30$ e $Y = 65$ poderia se aposentar, o que não acontece com a Fórmula 85/95.

Evidentemente a Fórmula 95 exigiria uma Emenda Constitucional para alterar o texto do art. 201 da Lei Maior, o que até nos dias de hoje não aconteceu.

Por conseguinte, na prática, para os homens (exceto para quem dispuser de mais de 35 anos de contribuição), estabeleceu-se um limite de idade de 60 anos.

CAPÍTULO 45

Renda mensal inicial

O PBPS cuida da renda mensal inicial nos seus arts. 28 e 29-A e 29-B.

Ali se define a sua mensuração. Basicamente, ela envolve os 80 maiores salários de contribuições do período básico de cálculo de cada segurado, de regra desde julho de 1994, corrigidos monetariamente mês a mês e a média aritmética simples do seu total, designado como salário de benefício, respeitados o salário mínimo e o limite do RGPS (§ 2º).

Quando vigente a aposentadoria proporcional multiplicado esse número pelo coeficiente do segurado, que variava de 70% a 94%. Quando de 100% era a integral.

Note-se que esse método de aferição da renda inicial é comum a todas as prestações e, entre elas, a da aposentadoria por tempo de contribuição.

O fator previdenciário, próprio dessa última aposentadoria compareceu no art. 29, § 7º (*ex vi* da Lei n. 9.876/99).

A renda mensal inicial do último benefício é definida no art. 53, que dita o percentual aplicado a modalidade proporcional 70% (inciso I) e integral de 100% (inciso II), sem qualquer menção a outro determinante.

Nessas condições, fica claro que a definição da aposentadoria é uma coisa e a apuração do seu valor mensal inicial é outra.

Todavia, nos meses de Junho a Dezembro de 2015, a mídia escrita e televisionada confundiu o valor integral (100%) com o limite da previdência social, propiciando a falsa impressão de que todos os segurados que atingissem os 95 anos receberiam em 2016 um total mensal de R$ 5.189,82.

Na realidade, por exemplo, se o salário de benefício do segurado for de R$ 2.000,00, ele receberá esses R$ 2.000,00. Caso o seu fator previdenciário seja 1,5, ele terá direito a R$ 2.000,00 x 1,5 = R$ 3.000,00.

CAPÍTULO 46

Imprescritibilidade do direito

O usual e o mais comum é o segurado, preenchidos os requisitos legais, requeira uma aposentadoria a que faça *jus*.

Entretanto, em muitos casos e por variados motivos subjetivos ou objetivos, o trabalhador não o faz, deixando para tomar essa providência mais adiante.

Suponha-se, pois, então, que ele desfrute do que se chama de direito simples.

Diferentemente do que sucedia como pecúlio, desaparecido em 1994 e que exigia um prazo de 5 anos para a pretensão ser exercitada, no caso das prestações de pagamento continuado não há esse prazo.

O direito ao benefício é imprescritível, o que prescrevem são as mensalidades dele.

Assim, por exemplo, se alguém preencheu os requisitos da Fórmula 85/95 em 31.12.15 e deixou para solicitar o benefício 10 anos depois, em 31.12.25, poderá fazê-lo, porém sua DIB será na DER: 31.12.25.

Em virtude do princípio jurídico *dormientibus non sucurrit jus*, porque quis ele perdeu 120 mensalidades.

Neste raciocínio, olvidamos que 10 anos depois a sua idade serão diferente de 31.12.15.

CAPÍTULO 47

Quota 95/96/97 na Itália

Atualmente no ano de 2016, conforme informam Ângelo Alessandrini e Luiz Bellagamba, existem três formas de aposentadorias na Itália:

1) a aposentadoria por idade;

2) por tempo de contribuição (40 anos);

3) por tempo de serviço.

A idade mínima exigida é de 65 anos (homens) e 60 anos (mulheres). Há uma carência de 20 anos.

Conforme a Lei Financeira, de 1.08.08 a 30.6.09, para usufruir a aposentadoria é necessário ter 58 anos de idade e 35 de contribuição, em um total de 93 anos.

De 1.6.09 a 31.12.10 é preciso possuir 36 anos de contribuição + 59 de idade, o total somava 95 anos. Também valia 35 + 60 = 95 anos.

Desde 1.1.13, é necessário chegar a 97 anos: 62 anos de idade e 35 de contribuição ou 61 anos e 36 de contribuição.

CAPÍTULO 48

Primeira versão da Fórmula 95

Em seu nascedouro, em 1990, ela compareceu em sua versão original:

TS = (X + Y)/Z.{K1K2K3} = 95 anos.

K1 = um fator da mulher.

K2 = aposentadoria especial.

K3 = representava a expectativa de vida dos segurados.

O K1 era um número variável que reduzia em 10 anos o total do tempo necessário para a aposentação das seguradas; ele poderia ser modificado ao longo do tempo, na medida em que as mulheres fossem previdenciariamente equiparadas aos homens. O que até nos dias de hoje ainda não sucedeu.

Mediante o K2 pretendia-se incluir aplicação para a aposentadoria especial, reduzindo o tempo de contribuição para 25 anos, o que foi descartado mais tarde para fins de simplificar a fórmula e restringir-se apenas a aposentadoria por tempo de contribuição.

K3 corresponde a atual progressividade. De tempos em tempos o regulamentador poderia aumentar os 95 anos em razão da expectativa de vida dos trabalhadores brasileiros.

Note-se estar presente o incompreendido fator Z, que indicava a condição sócio-econômica do segurado, até atualmente mal compreendido ou ignorado, principalmente por quem deveria defendê-la diante das desigualdades sociais e regionais continentais do nosso país.

CAPÍTULO 49

Pressupostos da versão original

Não são poucos os pressupostos científicos da Fórmula 95 como concebida em 1990. Os mais significativos são os seguintes, com as atualizações necessárias.

a) Universalização dos protegidos – Apesar dos servidores ainda estarem à margem do RGPS (a despeito das regras do art. 40 da Carta Magna), todos os trabalhadores poderiam fazer *jus* ao mesmo benefício, o que ainda não acontece devido a vários fatores: históricos, sociais e políticos enfrentados pelo país.

b) Observância dos preceitos atuariais – A diminuição da natalidade e crescimento da expectativa de vida chama a atenção dos estudiosos; é preciso que o atuário seja consultado toda vez que se pensar em reforma da previdência social e com poder de voto e de veto...

c) Deselitização do benefício – A ideia original é todos os trabalhadores, em especial os hipossuficientes, obtenha o benefício e para tanto devam ser distinguidos e se isso aumentar o seu custo a sociedade solidária é quem deve pagar as contas.

d) Distributividade de renda nacional – Considerando as desigualdades sociais e regionais e distinções profissionais, com sua aplicação a versão original propiciava maior justiça social.

e) Preservação da distinção em favor da mulher – Consideração, da rigidez muscular da mulher no trabalho, maternidade e dupla atividade laboral.

f) Reservas matemáticas – Adotado um plano de benefícios de contribuição definida estariam decantadas as necessárias reservas matemáticas.

g) Ajustes na legislação trabalhista – Carece pensar na possibilidade de vedar a volta ao serviço do trabalhador aposentado, como uma técnica previdenciária independente de se cogitar da criação de novos postos de trabalho.

h) Adequação ao seguro desemprego – O seguro desemprego tem de permitir que durante algum tempo o segurado possa obter meios de subsistência e continuar contribuindo para a previdência social.

i) Revisão do plano de benefícios – Impõe-se uma revisão total do plano de benefícios que leve em conta as mutações sociológicas, avanço da medicina e outros aspectos previdenciários.

j) Incentivo ao recolhimento das contribuições – Somente com a educação previdenciária será possível promover o incentivo à filiação do RGPS.

k) Disciplina da expectativa de direito – Ficar claro os termos das regras de transição e, por conseguinte, a expectativa de direito.

l) Adoção do CD ao RGPS – A ideia de manter a aposentadoria por tempo de contribuição apoia-se na mudança do plano de benefício do RGPS.

m) Preservação da previdência social pública – O legislador pátrio deve se filiar à corrente de manutenção dessa previdência dos pobres, pelo menos relação a quem ganha até R$ 5.189,82 mensais em 2016.

CAPÍTULO 50

Segunda versão da Fórmula 95

A segunda versão, então simplificada, resultou em:

TS = X + Y/Z = 95 anos.

Essa é ainda a defendida por nós e que foi abandonada.

Foram afastados os indicadores da mulher (tornando necessário referir-se aos números 85/95), da aposentadoria especial e da crescente expectativa de vida e mantido o fator Z.

Todavia, do mesmo modo, ela foi ignorada e jamais considerada como uma solução adequada, a ser estudada sem qualquer vínculo com o fator previdenciário, e do fim da aposentadoria por tempo de contribuição.

Não adiantou simplificá-la; foi uma pena porque as lideranças sindicais, que deveriam defendê-las, nada fizeram em seu favor.

O objetivo de compensar a precocidade laboral dos hipossuficientes e sua informalidade gritante, resgatando-lhes o direito de obter o mesmo benefício que a classe média obtinha não foi compreendido com receio da parte matemática contida no Z e das dificuldades de e tentar institucionalizá-lo.

Afinal de contas, ele varia: 0,5 a 1. Por exemplo: 17,5 anos de um trabalhador que ganha o salário mínimo em certo período básico de cálculo, dividido por 0,5 resultaria em 35 anos. Essa pessoa fica igual a quem tenha um Z igual a um.

É preciso registrar que o Z somente poderá ser menor ou igual a 1, não podendo ultrapassá-lo. Destarte, que tenha recebido o salário mínimo por 20 anos, se dividido por 0,5, chegaria 40 anos, mas o resultado não deve ultrapassar os 35 anos.

Quais são esses brasileiros a serem beneficiados juridicamente com um fator que os torna um tanto quanto semelhante aos da classe média.

São os hipossuficientes, que residem na periferia das grandes cidades, nas cidades pobres dos estados, que habitam mal, transportam-se mal e mal se alimentam, sem poderem estudar. Não têm qualificação profissional e geralmente imigram para a periferia das metrópoles. Eles não têm o trabalho anotado em sua CTPS e ganham pouco, e podem ser cifrados pelo salário mínimo.

CAPÍTULO 51

Terceira versão da Fórmula 95

Em certo Congresso realizado em São Paulo, estivemos em contato com deputado federal Beni Veras (que liderava os estudos da Fórmula 95) e ele nos expôs a versão $X + Y = 95$ anos, ela seria mais palatável que ao Congresso Nacional.

Ele nos asseverou que seria difícil criar-se uma compensação para os hipossuficientes, defini-los satisfatoriamente e explicar essa sugestão: e por isso o Z foi evitado das conjeturas dos parlamentares.

Crê-se em 2015, talvez para não confundir com versão $X + Y = 95$ anos, os parlamentares passaram a se referir a mesma coisa, porém com a notação Fórmula 85/95, sendo que alguns jornalistas se referem a Fator 85/95.

Deste modo, pareceu que essa modalidade de definição do direito à aposentadoria por tempo de contribuição surgira no Congresso Nacional, o que, aliás, não tem grande relevância.

Preocupadíssima com a rejeição política ao fator previdenciário que, aliás, não cumpria o seu papel original, a Casa Civil da Presidência da República acolheu essa versão e promulgou a Lei n. 13.183/15.

O único resultado que obteve foi na ordem política, porque em Janeiro de 2016 já pensava em criar um limite nacional de idade para o benefício.

CAPÍTULO 52

Versão legal da Fórmula 95

O texto da Lei n. 13.183/15 assegura sua constitucionalidade quando se obrigou a exigir, no mínimo, 35 anos de contribuição.

Reacendendo o debate doutrinário de caber Carta Magna tratar desses assuntos técnicos.

O ideal era a proposta desconstitucionalizar a Fórmula 95 e os 35 anos pudesse variar, sendo menor do que 35, no caso, por exemplo: 34 + 61 = 95 anos.

Eventual problema jurídico a ser enfrentado é saber se a implantação gradual dos anos reclamados, indo de 96 a 100 para os homens atende a progressividade real do crescimento da expectativa de vida. O tema não é jurídico, mas técnico demográfico e, fora do IBGE, na prática, poucos têm condições de demonstrar que é assim ou assado.

O adequado parece ser fixar uma regra relativa a apuração da expectativa de vida, mas este não é apenas o único elemento a ser considerado, pois propostas como estas ignoram o comportamento das pessoas. Quando a aposentadoria por tempo de contribuição aproximar-se da aposentadoria por idade vai sugerir aos contribuintes que deixam de pagar até os 50 anos e o façam apenas após essa data e para cumprir a carência.

O Governo Federal tem de ajuizar com uma solução politicamente inglória que é pensar no fim daquela prestação e pensar na adoção obrigatório do plano de benefícios de contribuição definida para o RGPS no tocante as aposentadorias programadas.

Abandonando um pouco a técnica da norma pública, cada escolheria quando se aposentar.

CAPÍTULO 53

Norma adequada para o tema

Carl Von Phillip Gottlieb Von Clausewitz, estudioso das batalhas, teria dito algo parecido com: "as guerras não deveriam ser conduzidas por generais" (e, sim, pelos políticos).

Da mesma forma as normas que abordem questões eminentemente técnicas não poderiam ser elaboradas pelo Congresso Nacional, tão somente por ele autorizadas a serem positivadas.

Os códigos não são preparados pelos deputados ou senadores, mas por renomados profissionais do Direito. O Parlamento apenas os aprova ou não.

Nestas condições, de modo geral a Previdência Social seria regida por lei delegada e não por lei ordinária ou complementar. E a Carta Magna fixar-lhe-ia tão somente os seus princípios.

Em particular a aposentadoria por tempo de contribuição deveria ser disciplinada por lei delegada, autorizado o Poder Executivo pelo Poder Legislativo a elaborá-la e, então, ouvidos os demógrafos, sociólogos, atuários e jusprevidenciaristas.

Neste caso, o Congresso Nacional baixaria um ato normativo configurando os parâmetros básicos do que seria disciplinado pela Casa Civil da Presidência República. Qual excesso não previsto na lei delegada não teria validade.

CAPÍTULO 54

Plano ideal de benefícios

No sistema nacional da previdência privada são várias as modalidades de planos de benefícios, mas os principais adotados no nosso país são os de Contribuição Definida – CD e de Benefício Definido – BD.

Singelamente eles podem ser descritos a partir das contribuições que custeiam as prestações.

No CD, o valor do benefício é permanentemente ajustado consoante o saldo do capital acumulado individualmente pelo participante. A renda mensal depende dessa capitalização de recursos, do tempo de contribuição e dos rendimentos das aplicações financeiras. Não tem muita solidariedade e tem sido o ideal para as prestações programadas.

No BD, a contribuição e as mensalidades são definidas quando da adesão ao plano de benefícios e nos termos do Regulamento Básico. O RGPS é desse tipo. Há um custeio determinante atuarialmente de modo a assegurar o compromisso da entidade com os participantes. É mutualista, tem elevado caráter solidário e desejável para as prestações não programadas.

Nessas condições, tendo em vista que no RGPS a aposentadoria por tempo de contribuição é uma prestação programada (o INSS sabe quando ela poderá ocorrer), o ideal é que o RGPS adotasse o plano CD, reservando o BD para as prestações não programadas.

Todo o tempo o segurado teria conhecimento do acumulado e aproximadamente quanto será a sua renda mensal inicial, por ocasião do cumprimento da Fórmula 85/95.

CAPÍTULO 55

Opção pela aposentadoria por idade

Mantida a exigência de no mínimo 35 anos de contribuição, enquanto ela exigir 65 anos de idade (com um fator previdenciário elevado, possivelmente superior a um), a aposentadoria por idade será a melhor opção dos segurados.

Nesse sentido, levando em conta que o tempo mínimo de contribuição para esta prestação dos idosos é de apenas 15 anos, se a legislação não for alterada, os trabalhadores que puderem deixarão de contribuir até 50 anos de idade e recolherão apenas os últimos 15 anos.

Evidentemente devido a baixa escolaridade previdenciária do trabalhador brasileiro, dos 16 aos 50 anos ele correrá riscos de não estar protegido, especialmente em virtude da possibilidade de acidentes do trabalho.

De todo modo perdeu-se um pouco a possibilidade de deselitilização do benefício que ocorreria se o fator social (Z) da versão inicial a Fórmula 95 tivesse sido mantido.

Ainda que bastante mitigada pelos números (a versão da MP n. 676/15 era mais árida), a tendência será os trabalhadores planejarem para se aposentar pela aposentadoria por idade, abandonado a aposentadoria por tempo de contribuição.

Diz o art. 7º da Lei n. 9.876/99:

> É garantido ao segurado com direito à aposentadoria por idade a opção pela não aplicação do fator previdenciário a que se refere o art. 19 da Lei n. 8.213, de 1991, com a redação dada por esta lei.

Ainda uma vez o legislador foi negativista em sua redação, adotando um "não" desnecessário numa norma de fundo social, quando poderia dizer que era facultado ao segurado aplicar o fator previdenciário se lhe conviesse.

Entrou em conflito com a ideia mãe de manter as reservas matemáticas do RGPS em relação a quem pudesse ter fato igual ou superior a um (possivelmente, supondo que poucos fossem os casos).

As alíneas *b* e *c* referidas no inciso no art. 29 do PBPS aludem a aposentadoria por idade e por tempo de contribuição.

Note-se que os homens com 65 nos de idade têm um número alto para a fórmula e se também tiverem um bom tempo de contribuição, o seu fator será alto.

CAPÍTULO 56

Propostas apresentadas

Quando a Fórmula 95 se tornou conhecida no meio científico do Direito Previdenciário, outros autores, entre os quais Ary Oswaldo e Reinhold Stephanes apresentaram algo semelhante à Fórmula 95, mas nenhuma dessas propostas prevaleceu.

Ary Oswaldo sugeriu um modelo que consideraria a idade mais o tempo de serviço. Exigia 65 anos de idade e 20 anos de contribuição (algo parecido com o modelo italiano de 2008). Não fazia jus quem começasse a trabalhar precocemente e que aos 65 anos de idade e filiado desde os 15 anos teria contribuído por 50 anos.

Sem um seguro-desemprego do tipo espanhol seria injusto para os trabalhadores de baixa renda.

A ideia de Reinhold Stephanes exigia um mínimo de 62 anos de idade 35 de contribuição (inicialmente, ele falou em 40 anos), porém, esses requisitos seriam isolados, sem possibilidade da soma, como proposto pela Fórmula 95.

Seria uma espécie de Fórmula 97 isso na década de 90.

Precisando o segurado dos dois requisitos em separado, sem serem agrupados, quem tivesse 61 anos de idade de 49 de contribuição (tendo começado com 12 anos), num total de 110 anos, não teria direito! Da mesma forma, alguém com 65 anos de idade e 34 de contribuição.

A Fórmula Stephanes e a Fórmula 95 têm certa semelhança: a mesma preocupação com o custeio da previdência social, mas não são iguais. Fixava, previamente um limite de idade (62 anos) e a Fórmula 95 não tem qualquer limite prévio, pode ir de 52,5 anos até 65 anos. A Fórmula 95 combina, adicionalmente, a idade e o tempo de serviço e a outra em separado.

CAPÍTULO 57

Equilíbrio atuarial e financeiro

Operando-se individualmente e esquecendo-se que o regime do RGPS é de repartição simples, há quem julgue que um aposentado com 55 anos de idade e 40 anos de contribuição custaria mais que o sistema atual. Isso não sucede.

Em termos hipotéticos é preciso lembrar que sobrevém uma aposentação realmente precoce de alguém que pagou cinco anos mais do que o estimado para os demais trabalhadores (35 anos).

Por outro lado, quem se aposenta com 60 anos de idade e 35 anos de contribuição terá pago menos tempo; entretanto, sua expectativa de vida após a aposentação será menor. Inferior a daquele que se jubila aos 55 anos

Não são raciocínios absolutos porque historicamente o Regime Geral variou muito ao longo do tempo.

Por exemplo, permitia que alguém até Junho/1994 que tivesse pago pelo salário mínimo e a partir daí, dentro do período básico de cálculo, pelo limite do salário de contribuição, obtenha uma renda mensal muito superior as contribuições que verteu. Ferindo de morte a correspectividade do fator previdenciário

Repete-se *ad nauseam*, em termos puramente individuais a Fórmula 85/95 não ofende o princípio do equilíbrio atuarial e financeiro. O que o ameaça e seriamente é a baixa natalidade e o crescimento da expectativa de vida dos brasileiros.

CAPÍTULO 58

Art. 201, § 7º, da Carta Magna

O art. 201 da Carta Magna deve-se a EC n. 20/98, portanto, ele completará 18 anos de existência em 15.12.16 e nesse interregno o conceito da aposentadoria por tempo de contribuição vem sendo alterado.

Ao mudar o seu título de tempo de serviço para tempo de contribuição ficou claro que o emendador constituinte estava preocupado com a contribuição (em face do princípio do equilíbrio atuarial e financeiro). Não haveria bônus sem ônus. Pois eram muitas as circunstâncias em que alguém não contribuinte pudesse fazer jus ao benefício.

A referência expressa ao tempo de serviço (30 e 35 anos) que deveria constar apenas de lei ordinária (facilitando qualquer alteração por motivos demográficos), foi um equívoco, verdadeira cláusula pétrea que engessou a instituição do benefício, levando-se em conta que se o Brasil desejar manter essa esdrúxula prestação, terá de considerar algo como 40 anos de contribuição.

Assim, é preciso retirar a menção aos 30 e 35 anos da Lei Maior passando o texto constitucional, se fosse o caso, a dizer apenas "anos de contribuição" e mais nada.

Com base no art. 68 a Constituição Federal deveria deixar claro que matéria de previdência social devesse fazer parte de lei delegada.

Não se defenda a ideia de que deveria definir a Fórmula 85/95, pois as sucessivas reformas que se avizinham não recomendam essa solução.

CAPÍTULO 59

Princípio da vedação do regresso

Basicamente o princípio da vedação do regresso é uma construção doutrinária relevante em evolução, ainda que sua validade técnica dependa da difícil demonstração do seu pressuposto lógico: comprovar que equivocadamente um direito social regrediu ou deixou de existir.

Para Thais Maria Riedel de Resende Zubá ("O Direito Previdenciário e o Princípio da Vedação do Regresso", São Paulo, LTr, 2013) esse princípio tem uma expressão e um significado tão alto que possivelmente possa derivar em que a Lei n. 13.183/15 seria contrária ao sistema: ela exige um tempo e contribuição mínimo de 35 anos e, por conseguinte, idade mínima de 60 anos, que não existia até 18.6.15.

Pior ainda, se tal princípio prestar-se para escorar a ideia de que os planos de benefícios têm de ser os da admissão do segurado e não podem ser modificados.

Por ora abstraindo a validade técnica da Fórmula 85/95, tendo em vista que ela juridicamente não é obrigatória, oferecida como opção aos trabalhadores, *grosso modo* tem-se que não representaria qualquer diminuição de direitos. O fator previdenciário é que seria contrário ao regresso... mas isso não foi acolhido pelo STF.

Ao facultar a não aplicação do fator previdenciário e permitir ao segurado chegar a 100% do seu salário de benefício, como se tivesse um fator igual a 1 (um), ela não pode ser censurada e, por conseguinte, não ofenderia o princípio da vedação do regresso.

CAPÍTULO 60

Transformação para aposentadoria por invalidez

Diz o art. 45 do PBPS:

> O valor da aposentadoria por invalidez do segurado que necessitar da assistência permanente de outra pessoa será acrescido de 25% (vinte e cinco por cento).

Acresce o parágrafo único do mesmo artigo que tal percentual poderá ser aplicado ao valor máximo do benefício, recalculado quando dos reajustamentos e que cessará com a morte do aposentado "não sendo incorporável ao valor da pensão" (letras *a/c*).

Requerimento tardio

Se o percipiente da aposentadoria por invalidez ingressa com o pedido do acréscimo, ainda que há tempo esteja cumprindo os requisitos legais, a data do início dos 2% será na data do requerimento. Não se trata de revisão de cálculo como previsto no art. 103, parágrafo único, do PBPS, mas um acréscimo que depende de instrução *a posteriori*.

Se essa vantagem foi requerida, mas somente deferida após a morte do aposentado, os familiares terão direito a receber as mensalidades desde a DER até a DO.

Direito *a posteriori*

Suponha-se que os dependentes de um segurado falecido tenham provas de que ele, quando estava vivo, ele fizera jus a essa majoração da renda mensal e não tenha solicitado tal acréscimo. O direito existiu em tese, mas não foi oportunamente exercido; a percepção pressupunha estar o segurado vivo.

Imprescritibilidade do direito

Retroagir a DIB a data do início do preenchimento dos pressupostos, deve ser considerado, em face da imprescritibilidade dos benefícios. O direito é válido, pois os herdeiros, sucessores ou dependentes puderam ter pedido revisão de cálculo da renda da aposentadoria por invalidez.

Aqueles dispositivos reproduzidos suscitam a possibilidade de transformação da aposentadoria por tempo de contribuição em aposentadoria por invalidez.

Interessa saber da possibilidade de alguém que obteve a aposentadoria por tempo de serviço e observa os requisitos do art. 45 do PBPS.

Em caráter terminativo, a Comissão de Assuntos Sócias (CAS) do Senado Federal, dia 4 de julho, aprovou um Projeto de Lei do Senador *Casildo Maldaner* (PMDB/SC), que manda acrescer 25% ao valor da aposentadoria por idade do aposentado que precisar da ajuda permanente de terceiros, ou seja, parentes, enfermeiros ou cuidadores. Disponível em: <http://folhaonline.com.br>. Acesso em 4 jul. 2012

Passando pela Câmara dos Deputados e se não for vetado pela Presidente da República, a disposição passará fazer parte da legislação previdenciária.

É altamente provável que ela seja aprovada na íntegra, sem vetos, mesmo sabendo-se que não estará descumprindo o princípio da precedência do custeio (lembrando-se que alguns trabalhadores brasileiros contribuíram por 15 (idade), ou 25 (especial) e até 35 anos de contribuição e para os aposentados por invalidez — que já tem esse direito — bastam apenas 12 contribuições e se for a causa for acidentária, apenas uma).

O bacharel em direito *Jefferson Rodrigues Feitosa*, de São João da Boa Vista, secretário da Carta de Vinhedo de 27.3.10 escreveu um artigo publicado no jornal do 29º Congresso da LTr, SP, em 2010, sustentando que esse deveria ser um direito de todos os aposentados do regime geral, portanto, além da aposentadoria por idade, incluindo também os que recebem a aposentadoria especial, por tempo de contribuição e os professores jubilados, uma vez que o fato gerador dessa pretensão é a necessidade de assistência médica pessoal.

Sem falar dos portadores de deficiência, a notícia é bem-vinda; muitos aposentados com mais de 65 anos e até com menos idade, com alguma frequência têm necessidades especiais que devem ser atendidas pela sociedade, por intermédio da previdência social.

Claro, se os seus dependentes não puderam atender.

Evidentemente, trata-se de um benefício a ser requerido pela família do aposentado e que será mantido enquanto ele for vitima dessas necessidades e até a Data do Óbito, não sendo repassado aos seus dependentes que requererem a pensão por morte, porque é direito eminentemente personalista.

E fica a ideia de extensão ao auxílio-doença e à pensão por morte, quando os titulares do direito enfrentarem as mesmas dificuldades, também deveria ser considerada.

Caso a pessoa melhore as suas condições de saúde, o INSS deve ser informado desse fato, suspendendo o pagamento desse *plus*.

Para que seja deferida a prestação a autarquia gestora da previdência social terá de encaminhar um médico perito à residência do aposentado para examiná-lo ou até mesmo um assistente social que verificará os pressupostos legais.

Não há previsão na legislação do servidor igual ao do trabalhador e essa talvez seja a oportunidade de se pensar no assunto, porque as condições e as necessidades são as mesmas.

É possível que essa futura lei determine que a Data do Início do Benefício dessa vantagem comece quando do requerimento e ela não deverá ter efeito retroativo, mesmo que a pessoa, antes da lei, já teve essas necessidades, somente receberia a partir da Data de Entrada do Requerimento posterior a data do início da eficácia da Lei.

Por qualquer motivo que se ignora, o projeto de lei não incluiria os segurados especiais (pequenos produtores rurais), segurados obrigatórios e facultativos, e isso precisa ser revisto na Câmara dos Deputados, pois contraria o princípio constitucional da equivalência urbano-rural.

CAPÍTULO 61

Soluções de outros países

Em todo o mundo varia demasiada a idade mínima para a aposentadoria por idade e também o período de carência exigido. Reclama, praticamente 58 anos na Indonésia e será de 70 anos, como pensa introduzir a Austrália (em 2023 chegará a 67 anos).

De modo geral, o país que impõe 65 anos passará brevemente para 67 anos, quase sempre com progressividade temporal e prevendo que essa idade terá de ser majorada.

Outra tendência em expansão é que o número de anos dependa da expectativa e vida dos segurados.

O período de carência varia de 5 anos (como era no Brasil em 1991) até 20 anos, o que já acontece na Itália.

Em termos médios mundiais os 60/65 anos chegarão a ser de 62/67 anos; é o que se espera que suceda e com majoração maior se a expectativa de vida continuar crescendo.

Na OCDE a media é de 64,2 nos. No Brasil, devido a diferença entre urbanos e rurais, é 59,5 anos para os homens e 57,8 para as mulheres.

Curiosamente há um indiano de 125 anos de idade, Habib Miyan, que recebe aposentadoria há 65 anos (sic), concedida em 1938. A municipalidade de Nova Delhi paga aposentadoria para 250 mil eunucos, hermafroditas e transexuais, no valor de 1000 rupias, ou 30 dólares por mês.

Alemanha – A idade mínima para se aposentar será gradualmente aumentada de 65 para 67 anos entre 2012 e 2029. O período de carência é de 5 anos.

Austrália – Em 2023 será de 67 a ser majorada para 70 anos, a idade mais alta do mundo.

Bélgica – Adotou-se um modelo parecido com a nossa Fórmula 85/95: a idade mínima é 65 anos para todos. Pode aposentar-se com 60 anos, se tiver trabalhado 35 anos, que dá 95 anos. Entre 2013 e 2016, a idade e tempo de contribuição aumentaram gradualmente, chegando 62 anos de idade e 40 de contribuição a partir de 2016, ou seja, uma espécie de Fórmula 102.

Bolívia – Contrariando os demais países, a Bolívia diminuiu para 58 anos para todos os trabalhadores, sendo que os mineiros se aposentam com apenas 56 anos de idade.

Canadá – São dois sistemas: CPP (pensão do Canadá) e QPP (pensão de Quebec). Depois de 65 anos se o aposentado continuou trabalhando e contribuindo poderá substituir o período anterior à aposentação, se eram cotizações mais baixas, pelas novas contribuições, uma espécie de desaposentação.

China – O sistema chinês é muito frágil. As operárias recebem aos 50 anos de idade, as mulheres aos 55 e os homens aos 60 anos. O país não serve como referência.

Espanha – Em 15.3.13 a aposentadoria por idade passou de 61 para 63 anos. Aos 65 anos é "cheia" (integral) e irá de 65 para 67 até 2017.

Estados Unidos – Atualmente, é preciso pelo menos 66 anos e 10 de contribuição. A partir de 2022, a idade mínima para se aposentar vai subir para 67 anos.

França – A idade mínima é de 60 anos para pessoas nascidas antes de 1º de julho de 1951. Ela aumenta em cinco meses por ano, alcançando 62 anos para pessoas nascidas a partir de 1955. A tendência é adotar os 67 anos.

Grécia – A idade limite é de 67 anos com um número mínimo de contribuições de 15 anos, como no Brasil. Para receber o benefício integral, é preciso deter 12 mil dias de trabalho (que corresponde a 35 anos) e 62 anos de idade, lembrando uma Fórmula 102.

Holanda – Desde 2013, a idade aumentará gradualmente de 65 para 66 anos até 2019 e para 67 anos até 2023. A partir de 2024, ela será calculada pela expectativa de vida.

Indonésia – Esse país adota o menor limite de idade: 58 anos de idade

Itália – As idades mínimas são diferentes, com uma carência de 20 anos de contribuição. Para os trabalhadores da iniciativa privada, a idade é de 63 anos e 9 meses. Os autônomos precisam de 64 anos e 9 meses. Para os servidores públicos: 66 anos e 3 meses.

Portugal – A idade para se aposentar entre 2014 e 2015 é de 66 anos. Até 2021, todos precisarão alcançar 67 anos para receber o benefício, alinhado com o aumento da expectativa de vida.

Japão – A idade aumenta gradualmente de 60 para 65 anos entre 2001 e 2013 os para homens e entre 2006 e 2018 as para mulheres. Os nipônicos recebem 64.875 ienes por mês ou 778.500 ienes por ano, para quem pagou por 40 anos e no mínimo com 25 anos.

México – Ela ocorre aos 30 anos de contribuição (um tipo de aposentadoria por tempo de contribuição) ou 60 anos de idade (um tipo de aposentadoria por idade).

Reino Unido – A idade atual é de 65 para homens e 60 para mulheres, segurados nascidos antes de abril de 1950. A partir de 2020, a idade mínima para homens e mulheres será de 66 anos, sendo de 67 anos entre 2026 e 2028 e vinculada aos dados sobre a expectativa de vida da população.

Rússia – A aposentadoria se dá aos 55 anos (mulheres) e 60 anos (homens). O FMI propôs que seja de 63 até 2030 e 65 de 2050 em diante.

No OCDE a média é de 64,2 anos. No Brasil, devido as diferenças entre urbanos e rurais, é de 59,5 anos para os homens e 58,8 para as mulheres.

CAPÍTULO 62

Veto inicial à Fórmula 85/95

Em 30.12, no apagar das luzes de 2014, foi apresentada ao Congresso Nacional a Medida Provisória n. 664/14 (com alterações da legislação previdenciária), afetando diversos artigos do PBPS, resultando no Projeto de Conversão n. 4/2015 e submetido à Casa Civil da Presidência da República.

No seu trâmite, os parlamentares apresentaram emendas à MP, contemplando uma Fórmula 85/95, em estado bruto, sem qualquer progressividade, o que levou ao veto presidencial.

Aparentemente, do ponto de vista político, a impressão que restou é que o veto se deveu ao fato de a iniciativa não ter sido do Poder Executivo, pois, em seguida, a Presidência da República emitiu a MP n. 676/15 e com determinada progressividade na regra de transição.

De todo modo, também é preciso considerar que o MTPS julgou conveniente pensar na Fórmula 100, por nós defendida em vários artigos publicados nas revistas especializadas, pois a Fórmula 95 era de 1990, um quarto de século atrás, quando a expectativa de vida do brasileiro era menor.

Basicamente a mesma Fórmula 85/95, porém dispondo sobre uma progressividade que levaria à Fórmula 90/100 em 31.12.16.

O veto dizia que "a alteração realizada pelos dispositivos não acompanha a transição demográfica brasileira e traz risco ao equilíbrio financeiro e atuarial da previdência social, tratada no art. 201 da Constituição".

Se isso fosse adequado o disposto no art. 29-C, § 1º, também ameaçaria o referido equilíbrio.

O Congresso Nacional alterou os números da progressividade, distendendo-os até 2026 e aprovou a MP n. 676/15, transformando-a na Lei n. 13.183/15.

CAPÍTULO 63

Novo limite de idade

Em janeiro de 2016 cogitava-se da adoção de um limite de idade para a aposentadoria por tempo de contribuição. Ignorando a complexidade da matéria e o fenômeno da simplificação dos problemas previdenciários, parecia indicar que seria a salvação da Previdência Social e de seus problemas, correspondendo a uma equivocada visão tão somente financeira dos economistas.

Eles não têm ideia do papel da previdência social no cenário nacional brasileiro; nem se dão conta que o tempo de contribuição é histórico e que no passado o modelo previdenciário sofreu mutações circunstanciais, e que toda a sua modelagem não pode se olvidar dos aspectos atuariais.

Não seria possível construir um modelo de permanente crescimento da expectativa de vida e baixa natalidade de um país em desenvolvimento, como é o caso do Brasil.

Na Europa esses estamentos são revistos a cada três anos, ignoram a aposentadoria por tempo de contribuição, mas mesmo assim e vítima de processos erosivos da economia todo o tempo.

Nessas conjeturas nacionais, nenhuma palavra foi dita sobre o seguro-desemprego, instituto social que não pode ser ignorado no Brasil em virtude dos períodos de abstenção laboral a que a maioria das pessoas se vê obrigada ao longo do tempo.

Na FSP de 2.1.16 dois articulistas ("Governo deve fixar idade mínima obrigatório para aposentadorias"?, Caderno Opinião p. A3) se esfalfaram defendendo suas teses (Ricardo Patah "Chega de pagar a conta" e Marcelo Abi-Ramia Caetano "Seguro, não prêmio". Foi uma pena que em espaço tão nobre (Tendências/Debates) os dois articulistas terem desprezado a oportunidade se estudar com profundidade o assunto.

Eles escrevem bem, entretanto se perdem em afirmações para agradar alguém sem se saber quem: se aos incautos trabalhadores, ao Governo Federal ou ao equilíbrio do sistema previdenciário.

Reconhece-se que o espaço editorial era pequeno, mas nada foi dito sobre as desigualdades sociais e regionais nem sobre a equiparação da mulher ao homem e muito menos sobre a aposentadoria dos parlamentares, militares e servidores. Muito menos sobre a excrescência da prestação em debate.

Para Ricardo Patah, sem qualquer consideração técnica sobre os aspectos institucionais e atuariais do modelo, um limite de idade é punição aos trabalhadores (sem se saber de qual deles ele está falando, se dos pobres, remediados ou ricos).

A priori, ele elege os 35 anos como o tempo necessário (mera convenção histórica que remomenta à aposentadoria ordinária da Lei Eloy Miranda de Marcondes Chaves de 24.1.23 e consagrada na LOPS de 1960) e a partir daí vê dificuldades para quem começou a trabalhar como 15 anos e aos 50 anos não poderia se aposentar, devendo esperar um limite mínimo de idade!

Caso isso valesse esse segurado receberia a aposentadoria por 34 anos, restando evidente ser matematicamente impossível mantê-lo por tanto tempo com a contribuição historicamente vigente.

Pelo menos assevera uma verdade. O brasileiro podendo se aposentar pela Fórmula 85/95 escapará do fator previdenciário "terá que trabalhar mais tempo para conseguir o benefício".

Sua conclusão, no final do artigo, não corresponde sinalagmaticamente as suas ideias: retirar direitos dos trabalhadores. Se essas pretensões existissem seria contrariar o princípio da vedação do regresso, porém, receia-se que eles não subsistem nem subsistirão, exceto em um modelo populista e sem qualquer amparo na técnica previdenciária. Que há bom tempo descumpre um princípio constitucional da previa fonte de custeio.

Marcelo Abi-Ramia Caetano também não é muito feliz em suas observações. Suas três afirmações básicas são frágeis.

A primeira diz que um limite garantiria a sustentabilidade das contas públicas, quando ele deveria ajuizar com as contas previdenciárias, pois os orçamentos da União e do MTPS são separados. Lamenta-se declarar que não garantem, ainda que ele não tenha ignorado a baixa natalidade e o crescimento da expectativa de vida dos brasileiros, sem falar nas renúncias fiscais e pouco interesse dos empresários em contribuir para a previdência social, além da adoção do regime financeiro orçamentário há muito tempo vigente no país.

Mais adiante ele rejeita sua ideia da sustentabilidade e se envolve com outras prestações, deixando de lado o limite de idade da aposentadoria por tempo de contribuição.

Segundo, afirma algo filosófico: a previdência é seguro e não é prêmio. E aí, o que isso significa? A previdência não é prêmio ao trabalhador, mas o resultado da captação dos recursos resultantes de aplicações financeiras que ele, as empresas e o Estado devem ter feito ao longo de 50 anos (!). Nunca ninguém disse que era prêmio, exceto para os servidores públicos antes de 1993 (porque não contribuíam para deter esse direito subjetivo). A frase é bonita, mas destituída de qualquer sentido técnico ou prático.

Por último, que essa medida é comprovada "em diversos países", sendo certo que ela não existe em lugar nenhum. Ele confundiu aposentadoria por tempo de contribuição com aposentadoria por idade (essa sim, universal) e mesmo esses países passando por dificuldades. Quando fala em 60 a 67 anos está se referindo a aposentadoria por idade.

Depois se imiscuiu nas prestações não programadas que nesse momento não interessam ao debate.

É preciso recordar que no passado já se cogitou de idade mínima: na Lei Eloy Chaves (50), LOPS (55) anos, aposentadoria especial (50 anos) e na previdência complementar (55) anos.

CAPÍTULO 64

Mudanças na Carta Magna

Quando da edição da EC n. 20/98, seguindo a linha de raciocínio de atribuir à Carta Magna o equivocado papel de lei ordinária e entendendo que o Estatuto Superior seria mais respeitado, a Constituição Federal passou a dispor sobre temas não constitucionais como é o caso da definição do direito a aposentadoria por tempo de contribuição.

Assim aconteceu nos arts. 40 e 201, engessando a evolução da legislação previdenciária no tocante a aposentadoria por tempo de contribuição.

Ela não tem de dispor sobre o tempo de contribuição mínimo de um benefício que agoniza no Direito Previdenciário há algum tempo. Muito menos da aposentadoria por idade.

Diante da evolução dos institutos técnicos previdenciários e da necessidade de preservar o equilíbrio atuarial e financeiro, isso é matéria para leis ordinárias, rigorosamente para uma lei delegada (CF, art. 68).

Urge a revisão desses dois artigos para sobrevenha uma adequada reforma da previdência social no que diz respeito à preservação da aposentadoria por tempo de contribuição.

Claro, acompanhado de outras alterações, particularmente no art. 40, em relação aos servidores e para que cada RPPS possa estruturar o seu plano de benefícios segundo a capacidade de cumprir com as obrigações futuras assumidas.

Isso se chama desconstitucionalização da previdência social, pois o cenário político de 1986/88, não mais existe e pode permitir a modernização da previdência social.

CAPÍTULO 65

Fórmula 95 e renda mensal inicial

A título de ilustração, examine-se a relação que existe entre a idade e o tempo de contribuição, o fator previdenciário e a renda mensal do segurado em alguns casos:

Idade do segurado	Tempo de contribuição	Fator pre-videnciário	Valor da RMI
55	40	0,808	1.616.00
56	39	0,816	1.632,00
57	38	0,825	1.650,00
58	37	0,834	1.668,00
59	36	0,840	1.680,00
60	35	0,850	1.700,00
61	35	0,888	1.776,00
62	35	0,924	1.848,00
63	35	0,962	1.924,00
64	35	1.009	2.018,00
65	35	1.054	2.108,00

CAPÍTULO 66

Nível da aposentadoria na Fórmula 85/95

Com a redação da Lei n. 13.183/15, a Fórmula 85/95 ficou nacionalmente um pouco mais conhecida, porém sua divulgação ainda padece de percalços, até mesmo por parte de alguns membros do Parlamento Nacional.

Muitos segurados estão pensando que cumpridos os requisitos do X + Y = 95 irão receber o limite da previdência social, que desde Janeiro de 2016 é de R$ 5.189,82. Isso não é verdade. Não é assim...

Isoladamente considerada, a Fórmula 85/95 não tem nada a ver com o cálculo da renda mensal inicial da aposentadoria por tempo de contribuição. Tal prestação depende da média aritmética simples dos 80 maiores salários de contribuição atualizados monetariamente desde julho de 1994 (quase 22 anos!) em cada caso, mais ou menos indo de R$ 880,00 até R$ 5.189,82.

Para obter esse limite, quem pagou todo o tempo pelo teto teria de ter uns 38 anos de contribuição e uns 58 anos de idade. Seria bom ter pedido o benefício em Janeiro de 2016 porque aí esse teto subiu cerca de 12% (com uma inflação de 10,67%).

Base de cálculo do aporte do contribuinte, salário de contribuição é a remuneração do empregado, avulso ou doméstico ou dos demais contribuintes. O que eles ganham enquanto estão trabalhando. Exceto para os facultativos.

A média aritmética mencionada chama-se de salário de benefício e vale para todos os benefícios submetidos a mensuração pelo INSS, principalmente auxílio-doença, aposentadoria por invalidez, aposentadoria por idade, especial e por tempo de contribuição.

Por exemplo, se o salário de benefício for R$ 2.000,00, com o percentual legalmente padronizado do auxílio-doença de 91%, o segurado receberá mensalmente R$ 1.820,00.

Na aposentadoria por idade, ainda com esses R$ 2.000,00, se o segurado tiver 18 anos de contribuição, o valor será R$ 2.000,00 x (70% + 18%) = 88%, ou seja, R$ 1.760,00.

Repete-se. Na internet e na mídia vêm sendo informado equivocadamente sobre o valor do benefício, afirmando-se que atendida a Fórmula 85/95, automaticamente, o segurado terá o teto de R$ 5.189,82. Para se ter uma ideia, o valor médio nacional dos benefícios da Previdência Social é um pouco superior a R$ 1.000,00.

Pensando na aposentadoria por tempo de contribuição, quando o salário de benefício for de R$ 3.000,00, tal montante será multiplicado pelo fator previdenciário. Supondo-se que seja 0,9, o segurado receberá R$ 2.700,00. Sendo 1,1, ele auferirá R$ 3.300,00. Atualmente, na prática, para que recolheu todo o tempo sobre o limite não passa de R$ 4.500,00. Somente chegaria aos R$ 5.189,82 se tivesse um fator superior a 1 (um).

A Fórmula 95, em sua verdadeira expressão original (X/Z + Y = 95), explicitada na matéria publicada na FSP em 20.5.15 "(Falta Coragem para acabar com tempo de contribuição, de Paulo Muzzolon)" não foi bem assimilada por todos os congressistas e muito menos pelo grande público, os segurados interessados.

Ela vinha sendo sistematicamente ignorada pelo legislador, embora tivesse sido adotada na Emenda Constitucional n. 47/05 para os servidores públicos.

CAPÍTULO 67

Consectários na previdência privada

Para fixar as possibilidades, responsabilidades e individualidades da previdência privada convêm especificar as suas principais modalidades.

Previdência fechada tradicional é a disciplinada inicialmente na Lei n. 6.435/77 e depois na LC n. 109/01, com cerca de 300 entidades vigentes no país. Dizem respeito ao plano de benefícios oferecidos aos trabalhadores da iniciativa privada patrocinado por empresas particulares. Excepcionalmente, por grandes estatais.

Quem custeia as prestações em termos simples é a contribuição do participante e da patrocinadora e o resultado das aplicações financeiras.

Previdência fechada do servidor diz respeito apenas aos servidores públicos como participantes. Aqui também vige a dupla contribuição do servidor e do Estado (CF, art. 40, §§ 14/16).

Previdência fechada associativa é a gerida por uma entidade sem patrocínio e congrega profissionais de um segmento produtivo social, como o dos advogados, médicos, engenheiros e outros mais. O plano de benefícios é mantido tão somente com os aportes desses participantes e das aplicações financeiras.

Na previdência aberta quaisquer pessoas podem se filiar ao seu plano de benefícios. Ela se caracteriza por oferecer praticamente as mesmas prestações da fechada ou associativa, porém como objetivo de lucro do organizador além da taxa de administração e carregamento.

O montepio é uma tradicional entidade aberta de previdência privada sem fins lucrativos. O MONGERAL existe desde 1835 (*sic*).

Em todos esses estamentos, especialmente nos três primeiros, se assim entender o Conselho Deliberativo e o Regulamento Básico seria possível praticar a Fórmula 85/95 para definição da complementação da prestação do RGPS.

Lembre-se que, de regra, adotam o regime de capitalização para as prestações programadas do tipo aposentadoria por tempo de contribuição e a contribuição definida, elementos materiais que determinam o momento e o valor da renda mensal inicial da complementação.

De todo modo, quando subsidiárias do RGPS, nada obsta que considerem como requisito o INSS ter deferido a prestação sob o pálio da Fórmula 85/95.

Com a edição da Lei n. 13.183/15, os segurados foram forçados a uma opção quando eles não detêm os totais de 85 ou 95 anos: esperar para completá-los ou se aposentar sob o fator previdenciário. Aproximadamente de 46% deles optaram pela Fórmula 85/95 até dezembro de 2015.

A decisão é de cada um e dependerá de fatores subjetivos (incluindo pessoais e familiares) e objetivos. Existem variadas situações particulares que admitem essas soluções.

Uma delas é do segurado participante de um fundo de pensão fechado que a admita a complementação, suplementação ou implementação.

Se a pessoa tem a disposição de viver o *ocium cum dignitat*, aposentará sob o fator previdenciário e aduzirá o que for possível com a outra renda (da previdência aberta, seguro de vida e outras aplicações).

Quem dispuser de recursos poderá comprar uma renda programada para cobrir a diferença do que aquilo que julgou perdido em razão da Lei n. 9.876/99.

CAPÍTULO 68

Planejamento da aposentação

Em Direito Previdenciário dois institutos técnicos não estão suficientemente desenvolvidos na legislação conforme a sua necessidade: a) a educação previdenciária; b) a preparação para a aposentação.

Pensar no afastamento do trabalho com vistas na aposentadoria por tempo de contribuição encontra-se sem qualquer articulação e sistematização cada um pensando por si ("A Arte de Aposentar-se", São Paulo: LTr).

As alterações da previdência social do RGPS têm sido pontuais, sem previsões ao longo dos prazos, improvisadas e embasadas no receio do Governo Federal de desagradar os trabalhadores e os partidos. Preferiu comprometer o sistema, atualmente um prédio em construção que tem de ser reformado ao mesmo tempo.

Os óbices técnicos começaram com a EC n. 20/98, um indigitado limite de idade (48 e 53), o estranhíssimo "pedágio" e sem lograr a precocidade da aposentação.

A Lei n. 9.876/99 foi um reparo jamais apoiado pela população do País. Tentou-se a desaposentação e ela parece não progredir como deveria.

Em 2015, sobreveio a Fórmula 85/95.

Com tudo isso ficou mais difícil a preparação para a aposentadoria porque os interessados não sabem quando a terão, em que condições e sem saber o valor da renda mensal inicial. A despeito dos esforços de entidades privadas, partiram para soluções caseiras.

Em Janeiro de 2016, o Ministro da Fazenda prometia uma nova reforma da Previdência Social; talvez sobrevenha a mudança da progressividade da Lei n. 13.183/15 e o retorno a MP 664/14. Não se sabe.

Sob esse imbróglio, como planejar quando e como se aposentar? Daisson Portanova observa: "Será como hoje, uma situação em que o trabalhador não consegue planejar sua aposentadoria" ("Centrais Sindicais farão vigília contra veto à Fórmula 85/95", de Claudia Rollie e Paulo Muzzolon, Jornal Folha de São Paulo de 14 jun. 2015, Caderno Mercado

CAPÍTULO 69

Conceito de fator previdenciário

Com a Lei n. 9.876/99, o legislador brasileiro tentou estabelecer tecnicamente uma correspectividade individual entre a contribuição do segurado e o valor do seu benefício. Pelo menos de 1999 em diante; até então a multiplicidade de base de cálculo, alíquota, contribuição, renúncia fiscal etc., quase inutiliza esse grande esforço.

Sua concepção básica é: quem paga por mais tempo teria um benefício melhor e menos tempo de fruição das mensalidades. Quem paga por menos tempo terá um benefício menor e maior tempo de fruição. Tudo, é claro, dependente da expectativa de vida de cada um.

Porém, politicamente, a intenção foi outra: com receio de um limite nacional de idade adiar o momento da aposentação, o Governo Federal alegou que a prestação custava muito para orçamento previdenciário.

Matematicamente, o fator previdenciário é um número pessoal, menor do que um, igual ou superior a um, aplicado ao salário de benefício do requerente da aposentadoria por tempo de contribuição, quando da concessão.

E, se assim desejar, para o deferimento da aposentadoria por idade.

Um valor apurado conforme uma fórmula matemática descrita na Lei n. 9.876/99 e com base em dois elementos do segurado (tempo de contribuição e idade), sua expectativa de vida e uma estranha constante (0,31).

Em virtude de os seus elementos materiais afetarem a renda mensal do benefício e diminuir-lhe o *quantum* por comparação com o salário de benefício (que no caso da integralidade, chegava praticamente a essa mesma renda mensal), e por ser uma expressão matemática, de fato reduzindo-a para quem pretendesse se aposentar precocemente, não foi acolhido por boa parte da doutrina e por todas as lideranças sindicais.

Com a passagem do tempo desgostou os trabalhadores. Não alterou significativamente a idade média da aposentadoria e, no comum dos casos, diminuiu o valor do benefício.

Sem falar em seus defeitos institucionais que são evidentes.

Por isso desde sua implantação foi rejeitado, incompreendido em seu papel e objeto de ações judiciais visando sua supressão, até mesmo com ação no STF, que o entendeu constitucional (ADIn n. 2.111-MC/DF, relatado pelo Ministro Sydney Sanches).

O MTPS insistiu em sua manutenção, acompanhado pelo pensamento da Casa Civil da Presidência da República.

Não desapareceu com a Lei n. 13.183/15 até porque pode ser benéfico para quem tenha um número superior a um.

CAPÍTULO 70

Redação da Lei n. 9.876/99

Com a Lei n. 9.876/99, o art. 29 do PBPS, em seu 7º diz que:

> O fator previdenciário será calculado considerando-se a idade, a expectativa de sobrevida e o tempo de contribuição do segurado ao se aposentar, segundo a fórmula constante do Anexo desta Lei (grifos nossos).

Imposto pelo inciso I do art. 29 a descrição beira a alguma pobreza franciscana.

Sobrevida é além da vida e tecnicamente não existe, podendo haver expectativa de vida. O que o legislador quis dizer foi o período de manutenção das mensalidades do benefício até o falecimento segurado, dado demográfico apurado anualmente pelo IBGE. Para alguns ele quis dizer sobreviver em vez de viver...

Naquela ocasião o conceito de tempo de contribuição abrangia o tempo de serviço propriamente dito e outras hipóteses.

Não será exatamente quando "ao se aposentar" e sim na DER, pois a concessão às vezes demora algum tempo para ser instruída e a final efetivada. Em 2016 calculava-se em seis meses...

Essa disposição foi questionada judicialmente, e o STF a entendeu como sendo constitucional, embora o fator alterasse o conceito original de tempo de contribuição e pudesse afetar o direito ao benefício.

Agora, com a Lei n. 13.183/15 essa redação não se alterou, continua sendo a mesma, apenas sendo discutida a sua aplicação em alguns cenários particulares, como é o caso do professor.

CAPÍTULO 71

Extinção da precocidade jubilatória

O objetivo governamental ao introduzir a novidade da Fórmula 85/95 é adiar o momento da aposentação dos segurados, que se manteve bastante baixa nos anos a implantação do fator previdenciário e até julho de 2015 e ainda e até os dias de hoje preocupa os estudiosos.

São vários os motivos que levaram os trabalhadores a pedir a aposentadoria desde 1999 até 2015, alguns deles subjetivos, sem prejuízo de alguns fatores objetivos.

Aposentando-se mais cedo e permitida à volta ao trabalho (uma histórica excrescência da legislação brasileira), o aposentado tem condições de aumentar os seus rendimentos (e até fruir o êxtase do lazer).

Com a Carta de Concessão do benefício à mão ele levanta o FGTS e o PIS-PASEP, aplicando esses capitais e obtendo uma nova fonte de renda.

Quando participante, passa a receber a complementação ou suplementação do seu Fundo de Pensão.

Perdendo o emprego e encontrando dificuldades para recuperá-lo, ele resta sem rendimentos e é forçado a se aposentar.

Em alguns casos o motivo é porque dispõe pessoalmente de outras rendas.

Muitos agem sem saber o cálculo da renda mensal inicial e se decepcionam.

As mulheres voltarem para casa, o que é ótimo para os maridos não apreciadores dos encargos domésticos.

Tudo isso faz parte da cultura previdenciária brasileira.

O receio da introdução de um limite de idade também é um elemento decisivo. Que possa haver alguma alteração no cálculo da renda mensal inicial.

Desconfiança do sistema, diante das declarações das autoridades.

Desconhecendo-o, pensa garantir o direito adquirido.

CAPÍTULO 72

Tábua de Mortalidade

Diz o § 8º do art. 29–C do PBPS:

> Para efeito do dispoosto no § 7º, a expectativa de sobrevida do segurado na idade da aposentadoria será obtida a partir da tábua completa de motalidade construída pela Fundação Instituto Brasileiro de Geografia e Estatistica – IBGE, considerando-se a média nacional única para *ambos* os sexos (grifos nossos).

Tábua de Mortalidade é uma tabela consagrada no cálculo atuarial, para planos de benefícios da previdência social, seguro de vida, rendas programadas etc., cujo objetivo é tentar estimar com o máximo de previsão possível as probabilidades de duração da vida e data de morte dos indivíduos de uma determinada parcela da população, em função da idade das pessoas.

Elas são montadas em função dados demográficos apurados junto de certa população previamente escolhida. Pode ser nacional (como indevidamente é a do IBGE), mais ampla, dos trabalhadores da iniciativa privada (RGPS), dos homens, das mulheres, dos idosos, enfim, de uma parcela dos seres humanos previamente escolhidos.

É consabido que quanto maior o número de elementos pesquisados maior a certeza dos resultados. Tomando-se 40 alunos de uma sala de aula é possível prever durante o ano letivo quantos terão dor de cabeça, mas se essa avaliação se referir a todos os estudantes do país a certeza é proporcionalmente garantida.

Como a tábua analisa as probabilidades de sobrevivência e morte em relação a idade, é preciso que ela tenha uma multiplidade de aspectos. Uma tábua apresentará dados confiáveis, se examinar os indivíduos nascidos em numa mesma época, convivendo em uma mesma região geográfica, sob as mesmas condições de vida.

Não existe uma tábua, mas tábuas e espera-se que a tábua de mortalidade do IBGE um dia reflita não a situação nacional, mas tão somente a dos trabalhadores filiados ao RGPS.

As tábuas têm nome e geralmente adotam as iniciais da sua descrição: *Annuity Mortality Table* (AT), *Commissioner's Standard Ordinary Table* (CSO) e Experiência Brasileira (EB).

O número que acompanha a tábua representa o ano base da pesquisa que deu origem a ela. Por exemplo: CSO-58: Ano base de 1958; EB-75: Ano base de 1975 e AT-2000: Ano base de 2000.

Diz o art. 1º do Decreto n. 4.266/99:

> Para efeito do disposto no § 7º do art. 29 da Lei n. 8.213, de 24 de julho de 1991, com a redação dada pela Lei n. 9.876, de 26 de novembro de 1999, a expectativa de sobrevida do segurado na idade da aposentadoria será obtida a partir da tábua completa de mortalidade para o *total da população brasileira*, construída pela Fundação Instituto Brasileiro de Geografia e Estatística – IBGE, considerando-se a média nacional única para ambos os sexos" (grifos nossos).

O art. 2º reza:

> Compete ao IBGE publicar, anualmente, até o dia primeiro de dezembro, no Diário Oficial da União, a tábua completa de mortalidade para o total da população brasileira referente ao ano anterior. *Parágrafo único*. Até quinze dias após a publicação deste Decreto, o IBGE deverá publicar a tábua completa de mortalidade referente ao ano de 1998.

CAPÍTULO 73

Tábua de Mortalidade para os homens

Quando do advento da Lei n. 9.876/99, levando em conta que os segurados viviam quase sete anos menos que as seguradas (aliás, conclusão pouco estudada pelos demógrafos e previdenciaristas, uma vez que elas usufruem os benefícios cinco anos antes), muitos estudiosos questionaram a Tábua de Mortalidade do IBGE, que seria única, para ambos os sexos, não distinguindo homens das mulheres.

Algumas ações foram intentadas na Justiça Federal visando a aplicação de uma tábua para os homens, pois possivelmente diminuiria o impacto do fato na renda mensal inicial. O mesmo raciocínio, é claro, vale para diferença entre o professor (5 anos) e professora (10 anos).

Apreciando a matéria, o desembargador Celso Kipper, da 6ª Turma do TRF-4, quando da AC n. 5009432.97.2010.404.71, em 16.5.13, entendeu que não havia inconstitucionalidade nessa questão reportando-se à ADI 2110 e 2111 ("Revisão dos benefícios previdenciários", São Paulo: LTr, 2015, p. 97.).

Hermes Arrais Alencar propõe uma média para expectativa de vida para efeito do fator previdenciário (64,44 e 68,82) mostrando enormes diferenças regionais no país (*Cálculo de benefícios previdenciários* – Teses revisionais – Regime Geral de Previdência Social: da teoria à prática. São Paulo: Atlas. 2011, p. 176), citado no Proc. n. 0010903-94.2013.4.13.6119, de 10.8.14, relatado pelo Juiz Márcio Ferro Catapani.

O Tema 634 – Isonomia de gênero quanto ao critério de expectativa de vida adotado no cálculo do fator previdenciário, relatado pelo Ministro Teori Zavascki (ARE n. 664.340) não detém repercussão geral.

CAPÍTULO 74

Abrangência do fator

Preocupado com as contas do orçamento do INSS, a Lei n. 9.876/99 tem validade apenas para os trabalhadores da iniciativa privada (e servidor filiado ao RGPS).

Oferece disposição específica para o tempo de contribuição da mulher e do professor, acrescido de 5 anos para ele, e de 10 anos para a professora.

Não vale para o servidor público estatutário, regido por outros comandos legislativos, em especial os parágrafos do art. 40 da Carta Magna.

Diz respeito a nacionais e estrangeiros, particularmente aplicado quando de Acordo Internacional compatível com a aposentadoria por tempo de contribuição (certamente raro).

Obrigatoriamente até 17.6.15 atingia a aposentadoria por tempo de contribuição e facultativamente a aposentadoria por idade.

Desde 18.6.15, em face da Fórmula 85/95 tornou-se facultativo.

Portanto, não desapareceu em 18.6.15.

Diferentemente a Fórmula 85/95 reporta-se ao valor do benefício, sendo aplicado ao salário do salário de benefício.

CAPÍTULO 75

Resultado matemático

Em todos os casos, após a substituição das variáveis do fator e promovida operação dos cálculos aritméticos, o resultado inevitável será um número menor do que um, igual a um ou superior a um, a ser multiplicado pelo montante pecuniário do salário do benefício.

As hipóteses possíveis, portanto, são apenas três.

Inferior a um

Se o resultado for um número menor do um, por exemplo, 0,880 o salário de benefício será multiplicado por esse mesmo 0,880.

Na hipótese de o salário de benefício totalizar R$ 2.000,00, o cálculo será: R$ 2.000,00 x 0,880 = R$ 1.760,00, que será a RMI.

Igual um

Com o mesmo salário de benefício de R$ 2.000,00, caso as contas resultem em exatamente um, a multiplicação será: R$ 2.000,00 x 1,000 = R$ 2.000,00.

Ou seja, a renda mensal inicial coincidirá com o salário de benefício.

Superior a um

Por último, se o fator for superior a um, observado o limite da previdência social vigente na DIB (R$ 5.189,82), qualquer que seja ele, o segurado receberá acima do salário de benefício.

Supondo-se um fator 1.500, as contas serão:

R$ 2.000,00 x 1,500 = R$ 3.000,00.

Em um cenário incomum, caso o salário de benefício for igual ao teto da previdência social, de nada servirá o fator ser superior a um. Ele corresponderá à renda mensal.

CAPÍTULO 76

Equilíbrio atuarial e financeiro

Imaginando-se um ordenamento previdenciário constante, sem interferências e modificações históricas nos valores das contribuições e dos benefícios, observando um viés atuarial ou pelo menos matemático financeiro, o fator previdenciário possui uma ordem atuarial de tal modo, que implicando individualmente em um capital acumulado maior para quem contribuiu por mais tempo (resultando em renda mensal maior), e no caso de um capital acumulado menor para quem contribuiu por menos tempo (resultando em renda mensal menor), a relação matemática é adequada.

Nesse caso, o fator previdenciário não vai de encontro ao equilíbrio atuarial e financeiro, como o aperfeiçoa.

Vale recordar que, para não otimizar exageradamente esse papel do fator, possivelmente concebido por Solange Paiva Vieira, é que o raciocínio somente será pleno quando presentes as condições apontadas inicialmente.

Em um sistema em que alguém recolha com base no salário mínimo e sobre o teto durante o período básico de cálculo, individualmente ele não é adequado.

Aliás, a ideia do equilíbrio atuarial e financeiro é tão fluída, difusa e imensurável, limitando-se ao papel de princípio que qualquer observação será genérica.

CAPÍTULO 77

Princípio da vedação do regresso

Questão delicada tem a ver com a expectativa sistêmica dos segurados. Recolhendo as contribuições com base no salário de contribuição (que, agora e nesse sentido, não é tão importante, pois as prestações são custeadas com o montante da contribuição) eles julgam que devem receber um benefício igual a algum tipo de média daquelas contribuições.

Ou que elas sejam relevantes quando do cálculo da renda mensal inicial. Que não passa de uma convenção histórica enraizada na mente dos segurados.

Existe um dogma popular de que quem aportou pelo salário mínimo deve ter direito ao salário mínimo (e isso não passa de uma ilação pessoal), se recolheu com base em algo equivalente a 10 salários mínimos deveria receber algo em torno de 10 salários mínimos.

Destaca-se a diferença nesta apreciação do significado do salário de contribuição e contribuição. Salário de contribuição é apenas fiscalmente a base de cálculo da contribuição. Contribuição, por seu turno, é resultado da multiplicação do salário de contribuição pela alíquota aplicável a cada situação. A RFB cobra contribuições.

Notem-se estes dois exemplos abaixo:

R$ 2.000,00 (salário de contribuição) x 11% (alíquota) = R$ 220,00 (contribuição).

R$ 1.000,00 (salário de contribuição) x 22% (alíquota) = R$ 220,00.

Assim, vinculados ao salário de contribuição os aposentados com fator menor do que um se sentiram prejudicados. Se o fator era 0,880, eles perderão R$ 120,00 mensais. Curiosamente poucos que tiveram um fator 1,500 observaram que ganharam R$ 500,00 mensais.

Nesse sentido, para esses segurados individualmente considerados, se olvidarmos que a proposta da Lei n. 9.876/99 era equilibrar o sistema, o fator previdenciário representou o vedado regresso combatido pelo princípio.

CAPÍTULO 78

Características do fator previdenciário

Para melhor compreensão do seu significado destacam-se as principais nuanças práticas e formais do fator previdenciário.

Expressão matemática

É uma expressão matemática legal com uma constante pouco explicitada (0,31) e três variáveis inerentes ao segurado (tempo de contribuição, expectativa de manutenção do benefício e idade do aposentável).

Área de aplicação

Era obrigatório até 18.6.15 e facultativo desde 18.6.15 para a aposentadoria por tempo de contribuição e também para a aposentadoria por idade.

Função institucional

Tentar equilibrar as contas da Previdência Social com o diferimento da data da aposentação e vencer a precocidade gozo do benefício.

Abrangência

Apenas para os segurados filiados ao RGPS, trabalhadores da iniciativa privada e servidores não estatutários.

Constitucionalidade

Tido como não contrário a Carta Magna.

Natureza técnica

Alguma correspectividade individual entre o tempo de contribuição e o valor da renda mensal inicial, um acréscimo matemático ao cálculo do benefício.

CAPÍTULO 79

Fator na contagem recíproca

Inicialmente propõe-se uma distinção relevante própria do estudo da contagem recíproca do tempo de serviço, relativamente aos agentes (PBPS, arts. 94/99):

a) regime instituidor da prestação é o órgão previdenciário que instruirá, deferirá e pagará o benefício;

b) regime de origem, na compensação financeira da Lei n. 9.676/9, quem repassará os recursos financeiros necessários.

Fator previdenciário é um número menor, igual ou superior a um, apurado em razão do tempo de contribuição ao RGPS, expectativa de vida do aposentado e idade na Data do Início do Benefício.

Quando da transferência de recursos por via da compensação financeira legal entre os dois regimes o regime de origem calculará uma prestação hipotética que teria uma espécie de concessão e DIB e seria mantida como a dos demais benefícios.

Uma vez deferido o benefício no regime instituidor, este observará as regras de concessão e manutenção desse mesmo regime.

Há que se responder a questão: essa cessação do benefício do INSS e início do benefício de um RPPS (com sua própria DIB) é uma forma de aposentação no RGPS? Porque, se for, terá de observar as regras da Lei n. 9.876/99 (sem falar na proporcionalidade).

Quando da compensação, por dois motivos não se pode falar em aposentação: não estão presentes os seus pressupostos. O valor não é integral: observa a proporcionalidade. Daí uma renda mensal hipotética.

Em outro sentido, o INSS nada pagará ao segurado. Portanto, não é uma aposentação, para que produzisse os mesmos efeitos da concessão de benefício era preciso que a lei o dissesse e ela silencia a respeito.

Entretanto, esse mesmo cálculo virtual terá de observar a regra vigente na data da cessação do benefício do RGPS e, então, ser for o caso, observar o fator previdenciário.

Que poderá diminuir ou aumentar o ônus do RPPS.

No que diz respeito a concessão da aposentadoria por tempo e serviço ao estatutário, sem dúvida que por falta de previsão legal, não se aplica o fator previdenciário, que é um critério do RGPS.

Ao contrário, quando um servidor se afasta do serviço público e ingressa no mercado de trabalho da iniciativa privada através da contagem recíproca, ele portará o período de filiação anterior para o RGPS.

Nesse caso, aposentando-se no INSS, lhe será aplicado o fator previdenciário que levará em conta as contribuições vertidas ao RRPS e foram transferidas para o INSS.

CAPÍTULO 80

Exegese da fórmula do fator

Em linhas gerais a fórmula do fator previdenciário, reproduzida em um anexo da Lei n. 9.876/99 se expressa como:

$\{(TC \times 0,31)/ES\} \times \{1 + ID + (TC \times 0,31)/100\}$

TC significa o tempo de contribuição quando da aposentação, exatamente o da DIB do benefício.

O número 0,31 é uma mal explicada constante adotada pelo legislador. Ela representaria 20% + 11% = 0,31% e isso nunca representaria a contribuição média dos diferentes trabalhadores ou contribuintes durante todo o tempo de serviço, nem em face do período básico de cálculo ou do período de carência.

ES quer dizer a expectativa de vida, chamada de sobrevida, do aposentado desde a DIB até o seu falecimento em face da Tábua de Mortalidade do IBGE que é dos brasileiros e não dos trabalhadores filiados ao RGPS.

Uma Tábua de Mortalidade igual para os homens e as mulheres, sendo certo que elas vivem mais que eles (fato questionado por Hermes Arrais Alencar na obra *in "Cálculo de benefícios previdenciários* – Teses revisionais – Regime Geral de Previdência Social: da teoria à prática", São Paulo: Altas, 2011, p. 76).

O 1 é uma constante inteira.

ID é a idade do trabalhador quando da aposentação. Serão os anos de vida, com particularidade de excluir os dias do primeiro mês de vida, se ele não nasceu no dia 1º (conforme comprovado por Certidão de Nascimento ou de Casamento) e os últimos se da DER não for no dia primeiro.

Operando-se com a ES de um segurado aposentados com 53 anos de idade (portanto, jovem) quando tivesse uma expectativa de sobrevida de 22,8 e com 30 anos de contribuição (período curto de contribuição) e Tábua de Mortalidade da Resolução FIBGE n. 1/99, teríamos:

$30 \times 0,31/22,80 \times \{1 + 53 + (30 \times 0,31)/100\} =$

$0,4078 \times 1,6230 = 0,6618$

CAPÍTULO 81

Aposentadoria dos sem Fórmula 85/95

Do texto legal resulta que a Fórmula 85/95 não é obrigatória. Do mesmo modo, essa conclusão não se aplica ao fator previdenciário. Ambos são, por assim dizer, facultativos. O interessado terá de optar por uma delas.

Quem possa atendê-la terá 100% do seu salário de benefício e afastado o fator previdenciário. Se não lograr deter os 85 ou 95 anos, ainda assim poderá se aposentar, porém, sujeitando-se ao mencionado fator que, se menor do que um, representará valor inferior ao seu salário de benefício.

De modo geral quem tem um fator igual ou superior a um atenderá a Fórmula 85/95.

Para quem acabou pedindo o benefício antes dos 85 ou 95 anos, não será estranho se o legislador acabar acolhendo uma forma de transformação para quem continuou trabalhando ou contribuindo e, então, atendeu a Lei n. 13.183/15. Mas isso são conjeturas.

Essa pressão poderá surgir de ações solicitando a retroação da Fórmula 85/95 para concessões anteriores a 5.11.15.

CAPÍTULO 82

Rejeição do fator previdenciário

Sem se sensibilizar com os aspectos técnicos da aposentadoria por tempo de contribuição, adotando permanente oposição a fixação de qualquer limite de idade, boa parte dos estudiosos e, em particular, as lideranças sindicais postaram-se contra o fator previdenciário, reduzindo-se esse procedimento em um direito político subjetivo.

Todavia, essa não foi a única razão para não concordarem com a criação da economista do BNDES Solange Paiva Vieira, a quem se atribui a construção do fator previdenciário.

Primeiro, não anui com a correspectividade entre a contribuição e o benefício, julgando que isso não seria importante num regime de repartição simples e benefício definido.

Segundo, porque mantêm uma tendência de rejeitar fórmulas matemáticas, ainda que simples, julgando-as herméticas e por isso, prejudiciais.

Não gostaram do fator previdenciário, não o estudaram convenientemente, desconhecendo que se o Governo Federal pretendesse manter o benefício apelaria para outra solução em que contida um limite de idade.

Como pano de fundo o que se tem é uma genérica indisposição contra a retribuição dos trabalhadores, julgada inferior a devida, justificando-se que aqueles que puderem obtenham outra renda.

CAPÍTULO 83

Afetação dos demais elementos do benefício

Note-se que o art. 29–C do PBPS inicia-se falando nos requisitos do benefício, que são pelo menos três:

a) qualidade de segurado;

b) período de carência;

c) evento determinante.

A concepção da qualidade de segurado manteve-se integralmente e como sói acontecer com outras prestações podendo ser dispensada no caso de cumprimento dos dois outros requisitos (carência e evento determinante).

Quem, em qualquer momento cumpriu os requisitos legais, a qualquer momento poderá solicitar a prestação. Isso se chama direito adquirido. Evidentemente, a DIB será na DER.

O período de carência não foi alterado, continua sendo de 15 anos (como é para o professor, da pessoa com deficiência, aposentadoria especial ou aposentadoria por idade).

Contudo, o evento determinante é que sofreu alguma modificação, qual seja a da soma da idade com o tempo de contribuição.

Já o período básico de cálculo é o mesmo, começa em Julho de 1994, os salários de contribuição são atualizados monetariamente, expurgados 10% menores e o salário de benefício é uma média da soma esses valores. Ele não pode ser inferior a R$ 880,00 nem superior a R$ 5.189,82.

O fator previdenciário é o da Lei n. 9.876/99 sem qualquer alteração na legislação.

CAPÍTULO 84

Regra de transição da lei

Legalmente, o fator previdenciário entrou em vigor no dia 29.11.99, mas não eficácia total a sua fórmula matemática.

Os seus critérios foram aplicados gradual, sucessiva e cumulativamente, de 1/60 (um sessenta avos). Sua validade se tornou total após 60 meses após a publicação da Lei n. 9.876/99 exatamente em dezembro de 2004.

O Governo Federal foi obrigado a acolher essa solução diante do custo político da aprovação do fator no Congresso Nacional, como aconteceu com o expurgo dos 20% do salário de benefício.

O art. 5º da Lei n. 9.876/99 diz:

> Para a obtenção do salário de benefício, o fator previdenciário de que trata o art. 29 da Lei n. 8.213, de 1991, com a redação desta Lei, será aplicado de forma progressiva, incidindo sobre um sessenta avos da média aritmética de que trata o art. 3º desta Lei, por mês que se seguir a sua publicação, cumulativa e sucessivamente, até completar sessenta avos da referida média.

Por exemplo, na hipótese de um salário de benefício de R$ 2.000,00 e de fator 0,700, por comparação com uma renda mensal inicial reduzida em 30%, solicitado o benefício em dez/1999 o montante foi outro e superior.

Sua perda seguirá a seguinte fórmula:

$SB = F \times M/60\ F + 60-X/60$, em que:

F = Fator previdenciário do segurado.

X = Número equivalente à competência a partir e novembro de 1999.

M = Média aritmética simples dos salários do período básico de cálculo.

Nesse caso, sem aplicação da fórmula da transição, o benefício teria como renda mensal R$ 1.400,00 (70% de R$ 2.000,00).

Todavia, com a aplicação da fórmula o valor do benefício em Dezembro de 1999, chegará a:

$SB = (0,700 \times 1 \times R\$\ 2.000,00)/60 + R\$\ 2.000,00 \times 59/60 = \$\ 1.980,00$.

Então, se não alterou efetivamente seus parâmetros pessoais, a diminuição será de 2/60 x 30% = 1,0%. Com a medida do exemplo anterior, a renda mensal inicial totalizará os R$ 1.980,00, mais que os R$ 1.400,00.

No caso do fator ser superior a um terá a vantagem diminuída.

CAPÍTULO 85

Transição da EC n. 20/98

Devido ao advento da EC n. 20/98, com criação de um limite de idade para aposentadoria por tempo de contribuição proporcional (48 e 53 anos) proporcional, a fixação do pedágio (determinando o fim dessa aposentadoria proporcional, diminuição do acréscimo anual de 6% para 5%, etc., foram muitas as manifestações contrárias à aplicação do fator previdenciário). Doutrinariamente, haveria um *bis in idem*.

Os segurados tiveram fixada uma idade mínima que os afetava e a fórmula do fator partia da mesma idade do trabalhador.

João Vinicius Mafuz reproduz um trecho da decisão da 1ª Turma Recursal do Juizado Especial Federal de Santa Catarina, no Recurso Cível n. 2007.72.95.007023-4/SC, relatada pelo juiz Andrei Pitten Velloso: "Sendo a idade um dos integrantes do fator previdenciário, não se pode fazê-la incidir duas vezes no benefício: na exigência da idade mínima e como integrante do fator previdenciário".

O autor do artigo salienta que a incidência da idade no cálculo do fator previdenciário está diretamente relacionada ao tempo em que o segurado se aposenta. Assim, uma vez que a aposentadoria por tempo de serviço/contribuição proporcional já sofreu a limitação de 30% (trinta por cento), excetuando-se a regra contida no § 1º, inciso II, da EC n. 20/98, que pode aumentar o valor da renda mensal até a sua totalidade, torna-se injusta a inclusão do fator previdenciário no mesmo cálculo, uma vez que a renda mensal inicial já sofreu a limitação da idade do segurado e a proporcionalidade em sua concessão.

Desta forma, uma vez ocorrida a utilização da idade do segurado para a obtenção do direito à concessão da aposentadoria proporcional, a utilização do cálculo criado pela Lei n. 9.876/99 para obtenção da renda mensal inicial, que se utiliza da incidência do fator previdenciário e, consequentemente, da idade do segurado, não pode ser admitida para a concessão deste tipo de benefício proporcional, pois, sua incidência certamente irá lhe trazer prejuízo econômico em sua renda mensal ("Da incidência do fator previdenciário nas aposentadorias proporcionais", disponível em: <http://www.ambitojuridico.com.br>, Rio Grande, XV, n. 100, maio 2012. Acesso em jan. de 2016).

CAPÍTULO 86

Revisão de cálculo

Resta evidente que o instituto técnico conhecido como revisão de benefícios, em particular, a reapreciação do cálculo do tempo de contribuição e, por conseguinte, da renda mensal inicial, não foi alterado pelas novidades legislativas de 2015 ("Revisão dos Benefícios Previdenciários", São Paulo: LTr, 2015).

Ainda que por ora não se pense nas figuras da transformação e da desaposentação, considere-se a situação do segurado que se aposentou sem atender a Fórmula 85/95 (portanto, submetido a um fator previdenciário menor do que um) e que, dentro do decênio do art. 103 do PBPS, ingressou com pedido de revisão de benefício administrativo ou judicial comprovando que quando do requerimento tinha tempo suficiente para o emprego da referida fórmula.

Atendida essa pretensão por parte do INSS ou em razão de sentença do Poder Judiciário, duas vertentes se apresentarão em relação a Data do Início do Pagamento – DIP defluente da revisão, pois o direito do segurado preexistia ao pedido de revisão.

Se ele houve manifestação na DER, quanto a esse período a DIP será a DIB da concessão e, numa segunda hipótese, caso o INSS somente tomou conhecimento daquele tempo de contribuição *a posteriori*, a DIP será na data do protocolo do pedido de revisão.

CAPÍTULO 87

Norma mais favorável

Está bem assentado no Direito Previdenciário o princípio da norma mais favorável ou da norma mais benéfica ("Princípios de Direito Previdenciário", 6. ed., São Paulo: LTr, 2015, p. 292-295). Os arts. 112 e125 da CLPS falavam em direitos "mais vantajosos".

O Estado quer o melhor para o segurado; assim, ele não busca ou precisa de outro tipo de proteção social.

A súmula desse princípio diz que diante de dois cenários, direitos ou prestações, além do dever de orientar o interessado (Entendimento n. 1 do CRPS), o INSS está obrigado a deferir a solução que atenda ao princípio.

Exceto, à evidência, na hipótese de manifestação expressão escrita e idônea do interessado noutro sentido.

Por exemplo, um segurado inválido com 65 anos de idade e 30 de contribuição, ainda que solicite a aposentadoria por invalidez (exceto na hipótese de carecer da ajuda de terceiros, aludida no art. 45 do PBPS), o INSS deverá deferir-lhe a aposentadoria por idade de 100% do salário de benefício.

O montante da renda mensal é o mesmo, mas ele pode voltar ao trabalho e essa possibilidade é superior a vedação ao trabalho imposta pela invalidez.

Voltando à Lei n. 13.183/15, tem-se que um segurado pode pedir a aposentadoria por tempo de contribuição sem se manifestar por qualquer opção. Se o fator previdenciário dele for superior a um, a Fórmula 85/95 deverá ser abandonada.

CAPÍTULO 88

Interpretação da matéria

Substancialmente o fator previdenciário tem uma expressão aritmética e essa parte de sua composição não comporta exegese contrária ou favorável desde que se conheçam os seus pressupostos técnicos (aliás, jamais divulgados).

No tocante aos seus parâmetros, cabe tentar entender o jamais explicado motivo da constante (0,31), pois ela é decisiva para o resultado.

Se o número escolhido pelo MTPS fosse maior ou menor seria diferente o resultado da fórmula.

Crê-se que nos casos de dúvida da aplicação ou interpretação é preciso pensar em sua natureza jurídica e que ela, não revogando expressamente normas que criaram direitos distintos (caso dos anistiados, professores, pessoas com deficiência), de que tais direitos têm de ser mantidos.

Na prática o fator previdenciário foi implantado para evitar a precocidade jubilatória e que a Fórmula 85/95 surgiu em razão da tentativa de esvaziar a eficácia do fator previdenciário.

CAPÍTULO 89

Qualificação do fator previdenciário

Antes de requerer o benefício o segurado deve saber, por antecipação, qual é o seu tempo de contribuição e o seu fator previdenciário. Depois a sua idade, fácil de ser apurada. Esses elementos são significativos na decisão de quando se aposentar.

Ab initio precisará saber qual a Tábua de Mortalidade é que deve ser considerada (especialmente para quem está ingressando com um pedido de revisão de benefícios).

Como o fator depende do tempo de contribuição e da idade (e, por conseguinte, da expectativa de vida que deflui de sua idade), o fator será interessante se ele possuir mais tempo de contribuição do que os 35 anos ou mais idade.

Ao contrário, caso ele tenha números menores do que esse, o fator não será interessante, pois ficará abaixo de um.

CAPÍTULO 90

Aspectos negativos do fator previdenciário

O fator previdenciário tem aspectos positivos, entre os quais suscitar um limite de idade pessoal e estabelecer correlação entre a contribuição, a idade do segurado e o *quantum* da renda inicial.

Ao introduzir o fator previdenciário, o legislador não estava preocupado com a relação entre a contribuição e o benefício, o seu maior mérito, mas estabelecer disposição o mais constitucional possível que resgatasse o limite de idade perdido quando da tramitação na Câmara dos Deputados em Junho de 1998 da EC n. 20/98 (em relação à aposentadoria integral por tempo de contribuição).

No afogadilho na busca por um limite de idade o Poder Executivo, quem encaminhou o Projeto de Lei, preocupou-se com o resultado desejado — adiar o pedido dos benefícios — para obter o equilíbrio atuarial e financeiro do RGPS.

O elaborador do estudo deve ter recebido um pedido de uma fórmula matemática que desestimulasse a aposentadoria precoce e incentivasse a desejada pelos matemáticos: homens com mais de 60 anos de idade e cerca de 40 anos de serviços.

Na ocasião, daria um fator previdenciário de 1.066, equivalente aos 100% do salário de benefício do método anterior.

Por ocasião dos debates da reforma da aposentadoria por tempo de serviço, os parlamentares não cogitaram de examinar se a aposentadoria por tempo de contribuição (que passou a ser o título e a essência dessa prestação) deveria ser mantida no RGPS.

Para isso, aliás, pouco importando que ela não dê cobertura a qualquer risco securitário (uma preocupação dos filósofos do Direito Previdenciário e não dos técnicos). Também não consideraram que ela é um benefício elitista dos segurados da classe média.

A primeira das constantes da fórmula do fator previdenciário é o tempo de contribuição do segurado, configurada um ano depois que a Carta Magna foi modificada e deixou de existir o tempo fictício, mantendo-se o direito à contagem recíproca de tempo de serviço.

Sem embargo de acrescer 5% do tempo de contribuição da mulher e ao professor e 10% a professora, mas sem aditá-los à idade dos mesmos, o fator adota uma tábua de mortalidade nacional e unissexual.

Quer dizer, mesmo sabendo que a mulher vive em média de 7 anos mais dos que os homens, a referência à expectativa de vida é igual para os dois sexos.

Não ignorando o legislador que a esperança média de vida dos habitantes da região nordeste é de 10 anos inferior aos da região sudeste e que existem Estados em que a diferença chega a 12 anos, não tem sentido estabelecer uma proposta que ignore as condições sócio-econômicas e nivele os coestaduanos.

Tendo em vista que nenhum estudo poderia concluir que a contribuição nacional, ainda que média, chegaria aos 0,31, é incompreensível a sua adoção. Excetuado se foram tabuladas as centenas de hipóteses de contribuição pessoal e patronal, substituição das alíquotas e fatos geradores.

Aparentemente, sem conhecer os meandros dos cálculos operados essa constante lembra os 20% (patronais) + 11% (pessoais) = 31%. Se isso for verdade ela é fora de propósito.

Tendo em vista que o espírito matemático da fórmula era estabelecer uma correlatividade e a contribuição, em face da esperança média de vida do trabalhador, portanto uma concepção que observa o princípio do equilíbrio atuarial e financeiro da previdência social — oferece mais a quem vai viver menos e oferecer menos a quem vai viver mais — destituído de sentido observar o limite do salário de contribuição. Dito isso sem se olvidar que o teto do RGPS tem previsão constitucional.

Quem contribuiu pelo limite do salário de contribuição ou próximo dele, dentro do período básico de cálculo, e tem idade avançada ou suficiente tempo de serviço para que o fator seja superior a um e a renda ultrapasse o teto (R$ 5.189,82), matemática, técnica e juridicamente não há porque pagar benefícios acima desse teto.

A escolha do censo do IBGE é inadequada. Reflete a população brasileira e não a clientela protegida. Passados 86 anos desde a Lei Eloy Marcondes de Miranda Chaves, o INSS deveria possuir a sua própria tábua de mortalidade.

Em 1999, embora fosse uma exigência dos matemáticos, sabia-se que essa tábua específica não existia, mas a Lei n. 9.876/99 poderia ter programado a sua feitura *a posteriori*.

Em face de um tempo de contribuição de 35 anos, então introduzido o tempo de transição de cinco anos foi exíguo e não correspondeu a uma regra de transição aceitável, tendo em vista a perspectiva dos trabalhadores.

Somente de 1994 a 2004, de modo geral essa transição foi aplicada e de forma gradual, mas foi insuficiente para que os segurados pudessem reorganizar o seu planejamento em função de uma aposentadoria às vezes forçadamente precoce por força de circunstâncias independentes da vontade das pessoas. Daí a enxurrada de pedidos de benefícios no entorno de 1998/99.

Não partindo da realidade nacional, o maior equívoco do fator previdenciário foi ignorar que a maioria dos trabalhadores das classes C, D e E, quando perdem o posto de trabalho têm muitíssimas dificuldades de serem recontratados. Homens e mulheres a partir de 45 anos não conseguem novamente uma recolocação. A robótica, cibernética e informatização desempregaram pessoas que não logram reencontrar um trabalho.

Evidentemente um direito de quem ultrapassou certa idade limite fixada pelo legislador depois de pesquisa de campo.

CAPÍTULO 91

Aposentadoria por tempo de contribuição

A prestação mais polêmica da legislação previdenciária e a mais desejada é a aposentadoria por tempo de contribuição.

Originária do serviço público, denominada como ordinária, na Lei Eloy Marcondes de Miranda Chaves, e por tempo de serviço na LOPS, provocou discussões e dissenções no ambiente político, científico e técnico nos anos 1992/2015 e até os dias de hoje, possivelmente condenada ao desaparecimento em razão de suas distorções (*v. g.*, falta de fonte específica, ausência de limite etário pessoal, frequente volta do trabalho, dúvida doutrinária sobre a existência de risco, acumulação com outros benefícios, adoção de regime de repartição simples, fator previdenciário etc.).

A despeito de respeitável crítica de abalizados estudiosos como Octávio Bueno Magano, vai-se mantendo e mesmo se um adequado seguro-desemprego.

Trata-se de benefício substituidor dos salários, de pagamento continuado, definitivo e não reeditável para a mulher com 30 anos e homem com 35 anos de contribuição.

O tempo de contribuição identifica-se com o tempo de filiação, entre outros, de contribuição (inclusive como facultativo), de serviço militar, fruição de benefícios por incapacidade e o decorrente de conversão do tempo especial para o comum ou da contagem recíproca.

São levados em conta os períodos de serviço público e rural e, principalmente, da iniciativa privada (RGPS). Acolhido o anterior à filiação obrigatória, mediante pagamento de contribuições correspondentes hodiernas. Até mesmo do menor aprendiz, se remunerada a atividade ou presente o contrato de emprego.

Deferida a proporcional, com qualquer percentual, se o segurado continua a trabalhar, na mesma empresa ou em outra, o INSS entende não fazer *jus* à integral, ao completar o tempo, em face de a primeira concessão ser tida como definitiva. Tese combatida pela figura doutrinária da desaposentação.

A época usual para solicitação é após o preenchimento dos requisitos legais e se o titular não a faz nesse momento, pode requerê-la quando desejar, respeitado o direito adquirido e observada a prescrição de mensalidades anteriores à DER.

Com a LC n. 142/13 foram criados três tipos novos de aposentadoria por tempo de contribuição para a pessoa com deficiência.

Benefício tradicional do Direito Previdenciário, pelo menos desde 24.1.23, foi referida duas vezes no texto constitucional de 1988. No art. 40, III, *a* a *c* e art. 201, respectivamente reportando-se ao servidor e ao trabalhador da iniciativa privada.

Com a EC n. 20/98 integrou-se definitivamente no texto constitucional (art. 201), convindo consultar os diversos artigos dessa Emenda.

Comparece regulamentada nos arts. 52 a 55 do PBPS e no RPS, nos arts. 56 a 63 do Decreto n. 3.048/99 e na IN INSS n. 77/15.

Assume caráter distributivo e se constitui em uma forma de poupança coletiva em favor de um indivíduo. Caracteristicamente um salário diferido resultante de capitalização somada pelo segurado durante os anos de trabalho em termos sociais, por isso, se recomendando venha a apoiar-se em um plano de benefícios de contribuição definida.

Ela é gênero, conhecendo várias espécies.

Quanto ao percentual, é proporcional (70% a 90%) ou integral (100%).

Decorrente da fonte formal é tida como ordinária ou constitucional (professor).

Partindo da atividade exercida, pode ser comum ou especial (insalubre).

Já existiram modalidades de trabalhadores obsequiados por legislação particular (professor, juiz temporário, aeronauta, jogador de futebol, jornalista etc.). Permanecem as de legislação excepcional: ex-combatentes, anistiados e exilados.

Estranha saber que a Justiça Federal rejeita o direito adquirido a valor superior quando da reunião dos pressupostos do benefício proporcional (70%), em comparação com o valor inferior, atual, da prestação integral (100%).

A contingência protegida pelo benefício é o tempo de contribuição. Alega-se alhures não haver risco a proteger, a questão é meramente convencional. Esse risco é o trabalho desenvolvido durante longos anos, a falta de emprego para a meia-idade e a própria idade avançada do trabalhador, estando ele, nos casos mais comuns, próximo da aposentadoria por idade.

Combinada com limite de idade e fonte de custeio apropriada, a prestação atenderia à necessidade de alguns países, caso do Brasil.

O benefício segue as mesmas regras da aposentadoria especial e por idade.

a) ausência de rompimento: fixada na data da solicitação (DER), se o trabalhador não pedir demissão, quando não exigido esse requisito.

b) dentro de 90 dias: se o segurado, por qualquer motivo, se desliga da empresa e solicita o benefício até 90 dias contados da rescisão, a DIB é o primeiro dia subsequente ao término do contrato de trabalho.

c) após 90 dias: ainda nesta hipótese de desfazimento do vínculo empregatício, requerida a prestação após os 90 dias, contados da mesma forma, o começo se dá na DER.

O valor mínimo é o salário mínimo (R$ 880,00) e, o máximo, o limite do salário de contribuição (R$ 5.189,82).

No passado admitiu-se acréscimo de 5% além do tempo exigido (Lei n. 5.890/73).

A renda inicial era de 70% do salário de benefício, mais 5% por ano de filiação além dos 25 anos, para as mulheres e 30 anos para os homens, até um máximo de 100%.

O PBPS diminuiu aquele percentual básico de 80% para 70% a partir de sua eficácia, mas quem anteriormente preencheu os requisitos legais fez *jus* ao primeiro percentual, mesmo desobrigado do menor e maior valor-teto.

Desde 1962, quando desapareceu do texto da LOPS, não havia limite de idade para o benefício (com a Fórmula 85/95 passa a ter), podendo ser requerida, a qualquer momento.

Até o Decreto n. 4.206/02, na prática, os participantes complementados, de modo geral para quem ingressou após a regulamentação do sistema, existia a ideia mínima de ter 55 anos de idade, mas ela desapareceu.

Com a EC n. 20/98, na fase de transição, foi fixado limite de idade de 48 anos, para as mulheres e 53 anos para os homens, no caso da forma proporcional.

Sem qualquer limite para a integral, com a Lei n. 9.876/99, e o fator previdenciário, de fato foi instituído algo assemelhado, pois se o segurado a requer prematuramente o *quantum* é diminuído.

Por sua natureza, o benefício não obsta a volta ao trabalho, podendo esse tema ser discutido quando do cômputo de tempo especial convertido em comum.

O INSS exige o requerimento, prova dos últimos 80 maiores salários de contribuição desde Julho de 1994 e sua explicitação (frequentemente constante do CNIS), comprovação do tempo de serviço, da idade e prova de endereço. Em certos momentos históricos, o afastamento do trabalho.

CAPÍTULO 92

Fim da aposentadoria por tempo de contribuição.

Com a EC n. 20/98 programou-se o desaparecimento da aposentadoria proporcional por tempo de contribuição. Em respeito à expectativa de direito, quem estava filiado em 16.12.98 pôde manter o direito de continuar contribuindo e auferir o benefício dos 25 até os 29 anos (mulher) e dos 30 aos 34 anos (homem).

Depois de pagar o "pedágio", que é impraticável para quem, pela primeira vez se filiou próximo de 1998.

O inscrito a partir de 16.12.98 somente poderá se aposentar com 30 anos (mulher) ou 35 anos de serviço (homem).

O ano de 2016 suscitará discussões sobre modificações na legislação da previdência social dos trabalhadores da iniciativa privada e, particularmente, será reaberto o debate em torno da extinção da aposentadoria por tempo de contribuição (integral).

Cogita-se de pôr fim a esse benefício e provavelmente para cercar-se de algum apoio popular, observada uma mesma regra de transição. Quem ingressar no RGPS a partir do dia seguinte à data do início da eficácia da norma modificadora (infelizmente terá de ser constitucional) somente fará jus à aposentadoria por idade.

Em 2003, a partir do momento que os servidores públicos conheceram um limite de idade de 55 (mulher) e 60 (homem), bastante próximos dos 60 (mulher) e 65 (homem) da aposentadoria por idade dos trabalhadores da iniciativa privada, tornou-se evidente que respeitada a expectativa de direito, é politicamente viável a eliminação daquele benefício tão custoso.

Jurídica, técnica e logicamente essa nova expectativa de direito é justa para com o contribuinte que, assim, desde então, poderá programar sua vida profissional e aposentação com bastante antecedência.

Porém, não bastará eliminar a aposentadoria por tempo de contribuição, sabendo-se que a maioria dos trabalhadores não qualificados depois dos 50 anos e têm grande dificuldade de se empregar ou de exercer atividade econômica, em decorrência da idade, do despreparo para as novas funções e desatualização em relação à tecnologia.

Assim, é preciso pensar em um seguro-desemprego que mantenha esses trabalhadores para que possam chegar até os 60 anos (mulher) e 65 anos (homem) e se aposentarem por idade.

É necessário também remodelar a economia e o mercado de trabalho para assimilar essa imensa mão de obra de idosos, um universo que prossegue aumentando assustadoramente e, é claro, em como essa população poderá custear o plano de saúde.

Atualmente, muitos aposentados com mais de 65 anos, percipientes de benefícios de baixa renda, vêm trabalhando em serviços adequados a sua faixa etária, ocupando-se, evidentemente em tarefas compatíveis com o seu treinamento e disposição física.

Esse espaço da economia deverá aumentar e ser preenchido por aqueles que não lograram sua aposentadoria. Em alguns países, como o Canadá, são aproveitados em virtude de sua experiência e estes são exemplos que deveremos seguir. Encontrar postos de trabalho para os que têm mais de 50 anos de idade ou criá-los nas várias hipóteses. Isso deve ser um objetivo nacional do governo e da sociedade, a ser alcançado.

CAPÍTULO 93

Aposentadoria por idade

Ao lado do auxílio-doença e da aposentadoria por invalidez, a aposentadoria por idade é um tradicional benefício da Previdência Social, criada praticamente ao tempo da implantação desta última.

Prestação universal, dos trabalhadores urbanos ou rurais, e dos servidores públicos (majorada a idade a 75 anos), sob critérios distintos, cria problemas de interpretação em relação ao rurícola e urbano (justificando o *in medio virtu est*, isto é, concessão cinco anos antes da parte rural e cinco anos depois da urbana, se o trabalhador, simultaneamente, pertencer aos dois domínios).

A partir de 25.7.91, deixou de ser aposentadoria por velhice, na vã tentativa de evitar estigmatização ou discriminação contra o idoso. A exceção da carência, não comporta grandes dúvidas interpretativas.

Na fixação do evento determinante, o benefício faz distinção entre o trabalhador da cidade e do campo e, conforme a tradição entre homem e mulher, com visível preocupação com o princípio da isonomia e da equivalência urbano-rural. Com isso, levantando-se questões, pois, legitimamente beneficiada pela diminuição de cinco anos, a mulher vive pelo menos sete anos mais.

Será, por algum tempo, polêmica em relação ao conceito de trabalhador rural, obrigando a diferenciação nos casos limites. E, para estes últimos segurados, submetida à regra de discutível liceidade (PBPS, art. 143).

A distinção do direito à previdência social no respeitante a ser o segurado urbano ou rural, de modo geral, e a possibilidade de auferir benefícios com critérios distintos, de modo particular faz emergirem dúvidas profundas, merecendo detida análise, principalmente no tocante aos rurícolas classificados como trabalhadores rurais sujeitos ao regime urbano. Trata-se de parcela significativa de obreiros, casuisticamente filiados ao regime urbano, em 1º.11.91 transformado no RGPS.

Prevista no art. 40, III, *d*, e no art. 202, I, da CF está regulamentada pelos arts. 48 a 51 do PBPS e pelos arts. 49 a 53 do RBPS. Em relação à pessoa com deficiência comparece na LC n. 142/13.

Benefício substituidor dos salários, de pagamento continuado, definitivo e não reeditável, é devido a segurado com a idade mínima determinada na lei e não obsta a volta ao trabalho.

O pressuposto técnico da prestação é a idade avançada do trabalhador, promovida distinção real entre segurado urbano e rural, bem como entre homem e mulher.

A trabalhadora rural a tem aos 55 anos e o trabalhador rural aos 60 anos. Na cidade, há acréscimo de cinco anos; a mulher a obtém aos 60 anos, e o homem aos 65 anos.

A data do início do benefício conhece regras muito simples, estendidas, por remissão, à aposentadoria por tempo de contribuição e especial.

a) ausência de rompimento: Fixada na data da solicitação (DER), se o trabalhador não pedir demissão, quando não exigido esse requisito.

b) dentro de 90 dias: Se o segurado, por qualquer motivo, se desliga da empresa e solicita o benefício até 90 dias contados da rescisão, a DIB é o primeiro dia subsequente ao término do contrato de trabalho.

c) após 90 dias: Ainda nessa hipótese de desfazimento do vínculo empregatício, requerida a prestação após os 90 dias, da mesma forma contados, o começo se dá na DER.

d) imprescritibilidade do direito: Solicitado o benefício a destempo, isto é, muitos anos após, ele principia quando da solicitação (DER), devendo a renda mensal inicial ser atualizada, como se mantido tivesse sido o benefício, até a DIB.

O benefício corresponde a 70% do salário de benefício mais 1% por ano de filiação à previdência social, observados os patamares mínimo e máximo dos demais benefícios.

Caso haja interesse do segurado poderá ter o valor majorado em razão do fator previdenciário.

Normalmente concedido a quem ainda está trabalhando, mas pode provir de auxílio-doença ou aposentadoria por invalidez, por via de transformação, quando atendido o período de carência próprio.

Quando a segurada completar 65 anos ou o segurado 70 anos de idade em atividade, a empresa pode requerer o benefício *sponte propria*, se eles preencherem os requisitos legais, *in casu*, qualidade de segurado e período de carência.

Essa é uma solução a ser revista em sua concepção, pois pode ser utilizada politicamente. Se perfeitamente válida a promovida pela empresa em relação ao trabalhador braçal, não tem muito sentido quando intelectual (*v. g.*, professor).

A decisão de requerer o benefício previdenciário, a despeito de ele situar-se no campo da norma pública, é do titular do direito. Originária diretamente da prerrogativa de trabalhar, direito assegurado constitucionalmente, a regra é afetada pela possibilidade de o empregador poder solicitar a aposentadoria por idade, então dita compulsória.

O preceito legal pressupõe o fato de, a partir de certa idade, o obreiro não apresentar as condições de trabalho anteriores. Nivelada em 70 anos para os homens e 65 anos de idade, para as mulheres, patamar alto para o país, cuja expectativa de vida é de aproximadamente de 74 anos.

Na atual legislação, não há impedimento para a volta ao trabalho, justificando o assunto reconsideração por parte do legislador, principalmente em se tratando de segurado com a aposentadoria básica complementada pela particular.

Respeitado o limite, pode ser acumulado com o auxílio-acidente.

Os documentos exigidos são: requerimento, últimos salários de contribuição do PBC, prova de filiação durante o período de carência (CTPS e outros), certidão de nascimento ou de casamento, e de endereço.

CAPÍTULO 94

Primeiros efeitos da Fórmula 85/95

Em razão da Medida Provisória n. 676/15, conforme informações prestadas pelo INSS ao jornal "Agora", os trabalhadores que solicitaram a aposentadoria por tempo de contribuição com base na Fórmula 85/95 possuíam uma idade média de 60 anos (que somados aos 35 de contribuição, totalizaram os 95 anos exigidos ("Com 85/95 idade média de aposentado vai a 60 anos", Jornal FSP de 14.1.16, Caderno, Mercado p. A-15).

De Julho de Dezembro de 2015, a média nacional, passou de 56 para 60 anos. Cerca de 46% das 89.210 aposentadorias optaram pela referida fórmula.

Essas pessoas dispensaram o fator previdenciário porque atendiam os dispositivos legais, obtendo 100% do seu salário de benefício.

É possível que ainda haja um crescimento nessa média, que deverá ficar em torno dos 60 anos, contrabalançando-se com segurados que tenham mais de 35 anos de contribuição, pois, de regra, até mesmo com 55 anos de idade (para quem começou a trabalhar e contribuir com 15 anos de idade) é possível o benefício.

Logo a média nacional ainda dependerá de uns 2 anos para que seja definida pois não existem dados sobre tais contribuintes.

CAPÍTULO 95

Presunção do desconto

Didaticamente podemos dividir as pessoas físicas contribuintes do RGPS em 2 grupos: a) os descontados (empregados, avulsos, domésticos, autônomos e empresários que prestam serviços para as empresas); b) os não descontados (contribuintes individuais e facultativos).

Importa agora os segurados do primeiro grupo, até porque os do segundo para fazerem *jus* aos benefícios, têm pessoalmente de provar a contribuição ao INSS.

A esse respeito diz o § 5º do art. 33 do PCSS:

> O desconto de contribuição e de consignação legalmente autorizadas sempre se presume feito oportuna a regularmente pela empresa a isso obrigada, não lhe sendo lícito alegar comissão para se eximir do recolhimento, ficando diretamente responsável pela importância que deixou de receber ou arrecadou em desacordo com o disposto nesta lei.

Quer dizer, subsiste uma presunção absoluta de que a empresa reteve e recolheu essas contribuições e elas devem ser consideradas para definição do tempo de contribuição do segurado. O trabalhador somente tem de provar que prestou serviços para a aludida empresa.

CAPÍTULO 96

Fórmula 90/100

Já há algum tempo, em várias publicações, vimos pensando na Fórmula 100 e até na Fórmula 105 ("Curso de Direito Previdenciário", 6. ed., São Paulo: LTr, 2014), pois desde 1999 a cada ano o IBGE vem apurando um crescimento médio da expectativa de vida do brasileiro algo em torno de 70 a 90 dias.

Supõe-se que essa majoração da idade estolará em algum patamar, restando dependente dos avanços da medicina, podendo estabilizar e até mesmo a minorar. Com a perda da qualidade de vida dos aposentados, a tendência é que a expectativa de vida diminua.

De todo modo é preciso pensar em 2026, se não for alterada, quando a Lei n. 13.183/15 exigirá um total de 90 anos para as mulheres e 100 anos para os homens.

Enquanto a Carta Magna exigir o padrão de 35 anos de contribuição e isso não for modificado, então os homens terão de ter 65 anos de idade, que coincide com a idade mínima para a aposentadoria por idade, suscitando dúvidas sobre a opção.

Comparem-se os dois requisitos contributivos e temporais:

Aposentadoria por idade: 15 + 65 anos.

Aposentadoria por tempo de contribuição: 35 + 65 anos.

O legislador precisa pensar nisso nos próximos 12 anos; caso contrário, quem puder vai deixar para contribuir apenas a partir de 50 anos de idade, atender o período de carência e obter 85% do salário de benefício.

CAPÍTULO 97

Justificação administrativa

O art. 201, § 9º, da Carta Magna, se fosse aprovada a Proposta de Emenda Constitucional n. 33-A/95 (Mensagem do Poder Executivo n. 306/95), teria a seguinte redação:

> A comprovação administrativa ou judicial da relação empregatícia valerá para efeito do reconhecimento do tempo de contribuição.

No Relatório Beni Veras, de 8.10.97, porém, o texto foi substituído e desapareceu.

Tal dispositivo deveu-se ao acordo entre o Governo Federal e os líderes das centrais sindicais. Sem prejuízo de lei complementar inspirada no art. 153 do PBPS de exigir início razoável de prova material, a norma silencia a esse respeito. Pela oportunidade convém repassar esse instituto jurídico.

O tempo de contribuição, a evidência, é fundamental para a demonstração do direito à aposentadoria correspondente. Quando exerceu atividades, mas não foi formalizado com um registro de qualquer natureza, o trabalhador que detiver elementos materiais ou testemunhais para isso, poderá fazer a prova do tempo de contribuição mediante a justificação administrativa.

Logo após disciplinar a justificação administrativa (arts. 142/151), o RPS dispõe:

> Reconhecimento de filiação é o direito do segurado de ter reconhecido, em qualquer época, o tempo de serviço exercido anteriormente em atividade abrangida pela previdência social (art. 121).

Justificação administrativa é instituto procedimental, aproximando-se de elementos do processo civil e do direito administrativo, florescente junto às repartições como prática interna de longo alcance e utilidade. Cabível no direito previdenciário, com nuanças próprias do direito social, quase não conhece limitações.

Assegurada por lei, é direito subjetivo de todos os segurados, dependentes ou contribuintes, quando desejam demonstrar algo do qual não possuam o meio satisfatório ou ele é insuficiente.

Dispensa, por definição, a prova plena. O INSS, na entrevista, não pode solicitar documentos óbvios como a anotação da relação de emprego na CTPS. O exigível situa-se no nível da razoabilidade de quem não tem a consignação completa. A evidência posiciona-se a meio caminho da prova robusta e do vazio probatório.

Embora deflagrada pelo autor (requerente), quem conduz o encaminhamento é o sujeito passivo da ação (réu), detendo a iniciativa de impulsioná-la e cabendo-lhe o poder de império de fixar a data e a discrição da decisão final. Isso não só acontece quando determinada pela Junta de Recursos ou Câmara de Julgamento do CRPS (em diligência); nesse caso, o processante limita-se a encaminhar a assentada e os depoimentos testemunhais àqueles órgãos julgadores.

Considera-se justificação administrativa o meio de convencimento, de iniciativa do titular da pretensão, processado pelo sujeito passivo da ação, com vistas a levá-lo à persuasão a respeito de certos fatos ou circunstâncias, previamente circunscritos pela norma, de interesse previdenciário e em relação aos quais o beneficiário não detenha meios razoáveis ou acessíveis de demonstração.

Tanto quanto a judicial (mas dela diferindo), substancialmente, é meio de prova. Por esse expediente singular, "poderá ser suprida a falta de documento ou provado ato do interesse de beneficiário ou empresa" (PBPS, art. 108).

Procedimento nitidamente interno, copiado do Judiciário, o resultado resta submetido à deliberação do órgão justificante. Quem verifica os pressupostos, avalia o início razoável de prova material, sopesa a validade e a autenticidade do depoimento testemunhal, é a autarquia gestora.

A decisão faz coisa julgada intramuros e produz efeitos junto ao processante (RPS, art. 148) e, como todo ato administrativo, pode ser revista sua conclusão, claro, quando fundada a resolução e presentes motivos ou razões suficientes.

Trata-se de direito subjetivo do polo da relação jurídica de seguridade social. Preenchidos regularmente os pressupostos lógicos, descabe ao INSS rejeitar o pedido, embora possa não acolher a pretensão da prova. Também poderá indeferi-la, se evidentes outros meios de configurar o fato.

Sua reedição é vedada em atos administrativos menores, mas o bom-senso recomenda aceitá-la se o justificante apresentar fatos novos. De qualquer forma, sempre poderá ser promovida na Justiça do Trabalho (com eficácia reduzida, em face da ausência do INSS como parte) ou na Justiça Federal.

Andamento formal, a justificação administrativa deflagra-se mediante pedido do autor, dito justificante. Geralmente, o INSS fornece formulário-padrão, em que o titular preenche os claros, qualificando-se, e "expondo, clara e minuciosamente, os pontos que pretende justificar" (RPS, *caput*, do art. 145). Na oportunidade, arrola de três a seis testemunhas idôneas, cujo depoimento deverá levar ou não o órgão gestor à convicção.

Cientificadas do dia e hora aprazados e do local para a entrevista, as testemunhas serão inquiridas a respeito de fatos objeto da justificação em separado, seguindo-se os depoimentos e exibição de documentos à autoridade competente para homologação ou não. Inicia-se com os termos da assentada, sobrevindo leitura do requerimento do requerente. Também são lidos os testemunhos, antes da assinatura.

O processante obterá as declarações por escrito e consignará na ata o comportamento das testemunhas, para fins de avaliação, suas contradições ou afirmações categóricas. A norma não exclui a acareação. O justificante pode assistir aos depoimentos e, por intermédio do processante, fazer indagações às testemunhas.

Em seguida, o INSS comunicará o resultado por escrito, concluindo pela: a) eficácia total; b) parcial; e c) negativa de eficácia.

Reza o art. 147 do RBPS:

> Não caberá recurso da decisão da autoridade competente do Instituto Nacional do Seguro Social que considerar eficaz ou ineficaz a justificação administrativa.

Essa impossibilidade de duplo grau de jurisdição (caber recurso à JR ou CAj) estaria mais bem situada na lei, dada sua importância. Esse posicionamento contraria o amplo direito constitucional de defesa.

Na verdade, o reexame acontece no bojo do pedido de benefício negado, quando o segurado tentar evidenciar o fato mediante justificação administrativa.

O objetivo da justificação administrativa é provar, de modo simplificado, fatos de interesse dos beneficiários e contribuintes, quando estes não dispõem dos meios plenos exigidos em cada caso. Assim, ela é sempre operada mediante indícios materiais ou de depoimentos testemunhais. Preferivelmente, combinados.

A intenção do procedimento é facilitar para os beneficiários, pois, processada no interior da autarquia, de forma singela, evita a busca do Poder Judiciário.

Uma demonstração oblíqua, não proveniente diretamente do Direito do Trabalho ou do Direito Previdenciário (*v. g.*, boletim de ocorrência policial, noticiário em periódicos, trabalhos escritos etc.), supera em qualidade a declaração hodierna firmada para o mesmo fim. A fortuita, ocasional, acidental, isto é, a imprevista, tem preferência sobre a programada. A espontânea, mesmo imprecisa, vence a detalhista, se adrede preparada.

Conforme o art. 146 do RPS, não podem testemunhar "os loucos de todo o gênero" (inciso I); "os cegos e os surdos, quando a ciência do fato que se quer provar, dependa dos sentidos, que lhes faltam" (inciso II); "os menores de 16 (dezesseis) anos" (inciso III); e o "ascendente, descendente ou colateral, até o terceiro grau, por consanguinidade ou afinidade" (inciso IV). A Administração entende essa pessoa como sendo o avô, pai, filho, neto, irmão, tio, sobrinho, cunhado, sogro, genro, nora, padrasto, madrasta e enteado.

Dispositivo incompleto e genérico, não aclara os loucos, esquece-se dos mudos, ignora os menores de 16 anos (seu depoimento tem poder de convencimento), o mesmo acontecendo com o dos parentes. O interessado pode firmar declarações, mas não depor a seu favor.

Em Direito, o universo da prova é grande, mas limitado na justificação administrativa. Pode suprir a falta de alguns documentos, mas não de todos, e levar à convicção sobre fato ou circunstância de modo geral.

A restrição é, da mesma forma, anacrônica, pois segurados de baixa renda sem saber se foram registrados em algum cartório têm dificuldade de provar a idade. Não tem sentido exigir a comprovação científica, difícil e de alto custo.

Conforme o § 1º do art. 142:

> Não será admitida a justificação quando o fato a comprovar exigir registro público de casamento, de idade ou de óbito, ou de qualquer ato jurídico para o qual a lei prescreva forma especial.

Tal norma obsta a prova do desaparecimento do segurado, com vistas à pensão por morte e também salientar a existência de empresa (se de ambos os fatos o pretendente possuir início razoável de prova material). O legislador e o elaborador do regulamento deveriam excluir desse ônus o doméstico e o trabalhador rural, pois ambos nem sempre têm como apresentar o mencionado início razoável.

O depoimento testemunhal exclusivo é vedado para o tempo de serviço (salvo quando presente motivo de força maior ou caso fortuito), dependência econômica, identidade e relação de parentesco (RPS, art. 143).

Para a CLT, força maior é todo acontecimento inevitável em relação à vontade do empregador e para a realização do qual este não concorreu, direta ou indiretamente (art. 501). Embora previsível, é inesperada. Oscar Joseph De Plácido e Silva a equipara ao caso fortuito. "Qualquer distinção havida entre eles, consequência da violência do fato ou da causalidade dele, não importa na técnica do Direito" ("Vocabulário Jurídico", 4. ed. Rio de Janeiro: Forense, 1975. v. I, p. 351, e v. II, p. 711).

Caso fortuito é o imprevisível e sobre o qual o homem não tem domínio ou capacidade de submeter.

Se a simples perda ou ausência de Livro Registro de Empregados não é força maior ou caso fortuito, o desaparecimento em razão de acontecimento incontrolável (*v. g.*, terremoto, furacão, naufrágio, inundação, incêndio etc.) caracterizam-no.

A justificação administrativa pode ser efetuada antes ou durante o pedido de benefício. E até após sua concessão, durante a manutenção, quando o segurado obteve os instrumentos necessários e, então, para ver o tipo de prestação ou seu valor.

Produzida antes, será de natureza cautelar, sugerida nas hipóteses de possibilidade de perecimento dos indícios de prova ou do depoente. Melhor, na oportunidade, ser requerida junto com a solicitação do benefício.

O PBPS faz distinção. No art. 108, disciplina justificação administrativa, de modo geral, e no art. 55, § 3º, em particular, cuidando apenas do cômputo do tempo de serviço, quando impõe início razoável de prova material.

A expressão "início razoável de prova material" desdobra-se, pelo menos, em três partes: a) ser incipiente, dispensada a prova exaustiva; b) ser razoável, isto é, acolhida pelo senso comum; c) ser material, não se aceitando a apenas testemunhal.

A lei não especifica a natureza desse começo de evidência, sua potencialidade ou eficácia. Abre, por conseguinte, campo a muitas perspectivas. Silencia quanto à quantidade ou qualidade dos documentos. Um, se eficiente, é suficiente; vários, mesmo frágeis, na mesma direção, são convincentes. No "A prova no direito previdenciário" (4. ed., São Paulo: LTr, 2015) são sugeridas mais de 600 modalidades.

Quem, por exemplo, no título de eleitor, certificado de reservista, certidão de nascimento ou de nascimento dos filhos, declarou profissão da qual possui diploma ou certificado (indícios individualmente fracos), beneficia-se da presunção de ter exercido esse mister.

Se no começo, meio e fim de certo período apresentou prova de trabalho, admite-se tê-lo prestado todo o lapso de tempo.

CAPÍTULO 98

Acordo Internacional

Acordo internacional é um convênio celebrado bilateralmente entre países com vistas a oferecer benefícios e serviços previdenciários aos trabalhadores imigrantes ou deslocados transitoriamente do domicílio original, às vezes, de nascimento, para prestar serviços no exterior.

Tratado internacional é locução reservada para a hipótese de duas ou mais nações estabelecerem relações jurídicas, geralmente declaratórias e raramente dispositivas, verdadeiras cartas de intenções sobre o mesmo tema, caso do Mercosul.

O PBPS nada dispõe sobre o tema. A partir da Lei n. 9.876/99, o art. 85-A do PCSS passou a cominar:

"Os tratados, convenções e outros acordos internacionais de que Estado estrangeiro ou organismo internacional e o Brasil sejam partes, e que versem sobre matéria previdenciária, serão interpretados como lei especial".

A doutrina é praticamente inexistente e escassa a jurisprudência nacional, mas os seus princípios foram formulados ("Curso de direito Previdenciário". 6. ed. São Paulo: LTr, 2014. p. 1043/1046).

Os acordos internacionais, excetuada a particularidade de romperem o princípio da territorialidade das leis, têm as mesmas nuanças da previdência social nacional, limitados às regras convencionadas entre os celebrantes.

As principais são:

a) reciprocidade: As disposições comuns aos países contratantes devem comunicar-se a um e ao outro, reciprocamente. Trabalhadores originários do país A, situados no país B, devem ter as mesmas obrigações e os mesmos direitos dos trabalhadores do país B, quando no país A. Nenhuma discriminação pode ser cometida em nenhum dos Estados convenientes, mesmo na hipótese de um deles abrigar número superior de imigrantes.

b) igualdade de tratamento: O estrangeiro terá o mesmo direito do nacional, como se assim fosse. Salvo o determinado especificamente no ajuste não será discriminado legalmente. Isso vale até na hipótese de se referir à prestação inexistente no país de origem do trabalhador.

c) respeito à expectativa e direito adquirido: Direitos em curso de aquisição ou já adquiridos serão respeitados no País receptor. Dessa maneira, a carência iniciada num país pode ser completada no outro.

d) cômputo do tempo de filiação: O tempo de filiação num país será considerado no outro com todas as consequências práticas e jurídicas.

e) divisão proporcional do pagamento: Calculado o benefício, o seu pagamento será distribuído entre os convenientes conforme regras estipuladas nos acordos. Isso pode determinar certo desequilíbrio quando um dos países admite aposentação em tempo inferior ao do outro, devendo ser promovidos acertos por ocasião da celebração do acordo para não prejudicar os interessados.

f) reconhecimento das diferenças nacionais: Não é objetivo do acordo internacional uniformizar a legislação, embora essa seja uma meta a ser alcançada por outras providências. Nesse sentido, são reconhecidas e respeitadas as nuanças próprias de cada Estado convenente.

g) submissão a normas específicas: Os acordos internacionais não interferem na autodeterminação dos povos e, por via de consequência, são respeitadas as normas específicas de cada um deles.

h) aplicação subsidiária da legislação local: No caso de dúvida, a legislação local aplica-se subsidiariamente; inexistente regra própria no documento firmado entre os países, aplicam-se os princípios e regras de interpretação onde se der a concessão do benefício.

Em razão da igualdade de tratamento, se avençado, o trabalhador de um país, quando deslocado para outro, preenchidos os requisitos legais (com o cômputo da filiação no país de origem ou de trânsito), faz *jus* às prestações postas à disposição dos nacionais.

Assim, exemplificativamente, segundo o ajuste celebrado com a Argentina, o platino pode contar o tempo de serviço daquele país para fins da aposentadoria por tempo de contribuição; a recíproca não é verdadeira por não existir esse direito naquele país.

No que diz respeito a Fórmula 85/95 e ao Fator Previdenciário, quando da existência da aposentadoria por tempo de contribuição nos dois países o tempo de contribuição exercitado no exterior será computado para todos os fins do benefício.

CAPÍTULO 99

Reforma da Previdência Social

O Ministro da Fazenda Nelson Barbosa anunciou na mídia que em Janeiro de 2016 pretendia encaminhar estudos para uma nova reforma da previdência social. A despeito das alterações havidas recentemente com a pensão por morte, Fórmula 85/95, veto presidencial à desaposentação e tornar o fator previdenciário facultativo, a ideia básica é estabelecer um limite de idade para a aposentadoria por tempo de contribuição.

O benefício por idade teria o seu limite mínimo de idade aumentado progressivamente em virtude do crescimento da expectativa de vida do brasileiro. Por exemplo, poderia ser de 0,5 ano a cada 24 meses.

Imaginar-se limite nacional para esses benefícios sem levar em conta as diferenças regionais, não se adequará à realidade do Brasil.

É possível que a pensão por morte venha a sofrer novas modificações. O casamento da viúva ou ex-companheira possa a pôr fim ao benefício, como era antes de 1991. A equiparação da mulher ao homem volta à cogitação dos estudiosos em relação às diferenças legislativas históricas.

Restabelecer-se-ia o pecúlio extinto em 1994. O segurado que voltar ao trabalho receberia apenas as suas contribuições pessoais, jazendo nos cofres da União a parte patronal. Com essa providência desapareceriam as discussões em torno do papel técnico da contribuição, como deveria ter acontecido naquela data e não suscitada a desaposentação.

O benefício do auxílio-acidente, devido efetivamente em relação a qualquer tipo de infortúnio, e o segurado deveria ser reexaminado a cada 24 meses. E não somente uma vez, na concessão, devido ao avanço crescente da tecnologia médica.

Será a oportunidade de estabelecer os limites da análise biopsicossocial, e a extensão do auxílio-doença parental que beneficia os servidores públicos a todos os segurados.

Em cumprimento ao princípio da universalidade as prestações dos trabalhadores devem ser assemelhadas as dos servidores. Não causará espanto definir os proventos como sendo 89% dos vencimentos e, destarte, findar-se a inadequada contribuição dos servidores públicos aposentados.

Toda a perícia médica merece total revisão em seus conceitos, com sua valorização e possível terceirização para a Fundacentro, incluindo uma intensa participação do assistente social.

A aposentadoria especial seria revista, na medida em que atualmente alguns segurados do RGPS e RPPS fazem *jus* a esse benefício e não o obtêm e, ao contrário, os que não têm o direito, acabam por auferi-lo.

A DRU deve ser objeto de reconsideração constitucional. O orçamento da seguridade social é intocável.

É preciso codificar os Acordos Internacionais.

Carece rever a Lei n. 9.983/00 em face da renúncia fiscal diante dos delitos previdenciários cometidos pelos empresários.

O instituto do acordo trabalhista não cumpre institucionalmente o seu papel e contribui para a evasão da receita securitária.

Propugna-se o fim da desoneração da folha de pagamento, um grande equívoco cometido pelo Governo Federal nos últimos anos.

Deve-se ajuizar sobre a tributação das grandes fortunas para custeio da seguridade social e reexame do texto da Lei n. 10.101/00 que cuida da Participação nos Lucros e Resultados.

A decadência quinquenal da exação securitária tem de ser repensada, retornando aos 10 anos do art. 45 da Lei n. 8.212/91, afastando os efeitos "legislativos" da Súmula STF n. 8/08.

Pensa-se em um salário mínimo previdenciário e a desvinculação dos reajustamentos dos benefícios superiores ao atual salário mínimo trabalhista em função do PIB nacional.

O Governo Federal precisa dar cumprimento aos dispositivos da Lei n. 8.212/91 que mandam o INSS e a RFB desistirem de ações sucessivamente vencidas na Justiça Federal. As perdas no Poder Judiciário oneram demasiado a União. O custo do exame dos 129 mil processos de desaposentação é um exemplo claríssimo.

Um novo período básico de cálculo deve ser sopesado, passando a ser de 120 meses e a eliminação do expurgo dos 20%, simplificando os cálculos.

Urge aclarar a competência da Justiça Federal para todos os casos dos acidentes do trabalho.

Convém estimular as empresas a contratarem pessoas idosas para prestarem serviços compatíveis com a idade avançada.

Não estranhará o MTPS estudar a possibilidade de ilhar contabilmente os recursos financeiros do RGPS em contribuição definida (para as prestações programadas) e benefício definido (para as não programadas).

Está na hora de ter a ousadia de discutir a implantação da CPMF para custear a melhora do SUS.

Nesta oportunidade caberá à doutrina suscitar estudos sobre o princípio da vedação do regresso, em face da redução de certos direitos tradicionais.

Carece sofrear as evidentes tentativas de privatização da nossa Previdência Social.

Questão a ser examinada nesse ensejo é como serão disciplinados os direitos dos transexuais, poligâmicos e refugiados.

Em termos de previdência complementar, o Governo Federal tem de acompanhar os estudos sobre a automaticidade da inscrição dos trabalhadores que recebem acima do limite da previdência social.

Fica a esperança de que o elaborador das novas normas se sensibilize para a enorme relevância da Previdência Social e que as regras venham disciplinadas sob lei delegada.

CAPÍTULO 100

Conclusões derradeiras

A despeito de sua origem heterodoxa, a Fórmula 85/95 em parte poderá enfrentar o problema da jubilação precoce do trabalhador brasileiro. Em seis meses (Julho a Dezembro de 2015) a idade média dos 89.210 aposentados chegou próxima de 60 anos. Para as mulheres foi de 56 anos.

Todavia, receia-se que com a existência do fator previdenciário de complementados ou suplementados e de outros segurados com motivo para se jubilar, essa média de idade ainda será alta.

De alguma forma, se não sobrevierem novas alterações, aliás, cogitadas pela Casa Civil da Presidência da República, colocando fim a opção pelo fator previdenciário e tornando este último como a única modalidade possível, crê-se que seja impossível adiar o fim da aposentadoria por tempo de contribuição.

O certo é que no momento os trabalhadores estão em condições de melhor se prepararem para a aposentação e planejarem o afastamento do trabalho.

Para os pensadores o relevante é refletir que estas soluções partem de um modelo ideal, desejável para o futuro, e que ignoram as atribulações desde a LOPS.

Todos terão consciência de que a Previdência Social do século XX tende a desaparecer e que é preciso pensar em um novo modelo, menos previdenciário e com mais aplicação financeira, considerando os recursos do FGTS e a existência de um seguro-desemprego a altura das necessidades de uma sociedade tão desequilibrada em sua composição social e econômica. É possível que tenha de ser mais seguro do que seguridade.

Está na hora de subsistir um pensador da previdência social em Brasília, por exemplo, cogitar de estímulos exacionais para a admissão de idosos em ocupações compatíveis com a idade e o conhecimento experimental.

Ou seja, decidirmos se matéria tão relevante quanto esta será trata por mentalidade populista ou será sopesada tecnicamente – o que não será fácil diante das nossas gritantes desigualdades.

Anexos

EC 20/98

Art. 1º – A Constituição Federal passa a vigorar com as seguintes alterações:

"Art. 40 – Aos servidores titulares de cargos efetivos da União, dos Estados, do Distrito Federal e dos Municípios, incluídas suas autarquias e fundações, é assegurado regime de previdência de caráter contributivo, observados critérios que preservem o equilíbrio financeiro e atuarial e o disposto neste artigo.

§ 1º – Os servidores abrangidos pelo regime de previdência de que trata este artigo serão aposentados, calculados os seus proventos a partir dos valores fixados na forma do § 3º:

I – por invalidez permanente, sendo os proventos proporcionais ao tempo de contribuição, exceto se decorrente de acidente em serviço, moléstia profissional ou doença grave, contagiosa ou incurável, especificadas em lei;

II – compulsoriamente, aos setenta anos de idade, com proventos proporcionais ao tempo de contribuição;

III – voluntariamente, desde que cumprido tempo mínimo de dez anos de efetivo exercício no serviço público e cinco anos no cargo efetivo em que se dará a aposentadoria, observadas as seguintes condições:

a) sessenta anos de idade e trinta e cinco de contribuição, se homem, e cinquenta e cinco anos de idade e trinta de contribuição, se mulher;

b) sessenta e cinco anos de idade, se homem, e sessenta anos de idade, se mulher, com proventos proporcionais ao tempo de contribuição.

§ 2º – Os proventos de aposentadoria e as pensões, por ocasião de sua concessão, não poderão exceder a remuneração do respectivo servidor, no cargo efetivo em que se deu a aposentadoria ou que serviu de referência para a concessão da pensão.

§ 3º – Os proventos de aposentadoria, por ocasião da sua concessão, serão calculados com base na remuneração do servidor no cargo efetivo em que se der a aposentadoria e, na forma da lei, corresponderão à totalidade da remuneração.

§ 4º – É vedada a adoção de requisitos e critérios diferenciados para a concessão de aposentadoria aos abrangidos pelo regime de que trata este artigo, ressalvados os casos de atividades exercidas exclusivamente sob condições especiais que prejudiquem a saúde ou a integridade física, definidos em lei complementar.

§ 5º – Os requisitos de idade e de tempo de contribuição serão reduzidos em cinco anos, em relação ao disposto no § 1º, III, «a», para o professor que comprove exclusivamente tempo de efetivo exercício das funções de magistério na educação infantil e no ensino fundamental e médio.

§ 6º – Ressalvadas as aposentadorias decorrentes dos cargos acumuláveis na forma desta Constituição, é vedada a percepção de mais de uma aposentadoria à conta do regime de previdência previsto neste artigo.

§ 7º – Lei disporá sobre a concessão do benefício da pensão por morte, que será igual ao valor dos proventos do servidor falecido ou ao valor dos proventos a que teria direito o servidor em atividade na data de seu falecimento, observado o disposto no § 3º.

§ 8º – Observado o disposto no art. 37, XI, os proventos de aposentadoria e as pensões serão revistos na mesma proporção e na mesma data, sempre que se modificar a remuneração dos servidores em atividade, sendo também estendidos aos aposentados e aos pensionistas quaisquer benefícios ou vantagens posteriormente concedidos aos servidores em atividade, inclusive quando decorrentes da transformação ou reclassificação do cargo ou função em que se deu a aposentadoria ou que serviu de referência para a concessão da pensão, na forma da lei.

§ 9º – O tempo de contribuição federal, estadual ou municipal será contado para efeito de aposentadoria e o tempo de serviço correspondente para efeito de disponibilidade.

§ 10 – A lei não poderá estabelecer qualquer forma de contagem de tempo de contribuição fictício.

§ 11 – Aplica-se o limite fixado no art. 37, XI, à soma total dos proventos de inatividade, inclusive quando decorrentes da acumulação de cargos ou empregos públicos, bem como de outras atividades sujeitas a contribuição para o regime geral de previdência social, e ao montante resultante da adição de proventos de inatividade com remuneração de cargo acumulável na forma desta Constituição, cargo em comissão declarado em lei de livre nomeação e exoneração, e de cargo eletivo.

§ 12 – Além do disposto neste artigo, o regime de previdência dos servidores públicos titulares de cargo efetivo observará, no que couber, os requisitos e critérios fixados para o regime geral de previdência social.

§ 13 – Ao servidor ocupante, exclusivamente, de cargo em comissão declarado em lei de livre nomeação e exoneração bem como de outro cargo temporário ou de emprego público, aplica-se o regime geral de previdência social.

§ 14 – A União, os Estados, o Distrito Federal e os Municípios, desde que instituam regime de previdência complementar para os seus respectivos servidores titulares de cargo efetivo, poderão fixar, para o valor das aposentadorias e pensões a serem concedidas pelo regime de que trata este artigo, o limite máximo estabelecido para os benefícios do regime geral de previdência social de que trata o art. 201.

§ 15 – Observado o disposto no art. 202, lei complementar disporá sobre as normas gerais para a instituição de regime de previdência complementar pela União, Estados, Distrito Federal e Municípios, para atender aos seus respectivos servidores titulares de cargo efetivo.

§ 16 – Somente mediante sua prévia e expressa opção, o disposto nos §§ 14 e 15 poderá ser aplicado ao servidor que tiver ingressado no serviço público até a data da publicação do ato de instituição do correspondente regime de previdência complementar.»

"Art. 201 – A previdência social será organizada sob a forma de regime geral, de caráter contributivo e de filiação obrigatória, observados critérios que preservem o equilíbrio financeiro e atuarial, e atenderá, nos termos da lei, a:

§ 7º – É assegurada aposentadoria no regime geral de previdência social, nos termos da lei, obedecidas as seguintes condições:

I – trinta e cinco anos de contribuição, se homem, e trinta anos de contribuição, se mulher;

II – sessenta e cinco anos de idade, se homem, e sessenta anos de idade, se mulher, reduzido em cinco anos o limite para os trabalhadores rurais de ambos os sexos e para os que exerçam suas atividades em regime de economia familiar, nestes incluídos o produtor rural, o garimpeiro e o pescador artesanal.

§ 8º – Os requisitos a que se refere o inciso I do parágrafo anterior serão reduzidos em cinco anos, para o professor que comprove exclusivamente tempo de efetivo exercício das funções de magistério na educação infantil e no ensino fundamental e médio.

§ 9º – Para efeito de aposentadoria, é assegurada a contagem recíproca do tempo de contribuição na administração pública e na atividade privada, rural e urbana, hipótese em que os diversos regimes de previdência social se compensarão financeiramente, segundo critérios estabelecidos em lei.

Art. 3º – É assegurada a concessão de aposentadoria e pensão, a qualquer tempo, aos servidores públicos e aos segurados do regime geral de previdência social, bem como aos seus dependentes, que, até a data da publicação desta Emenda, tenham cumprido os requisitos para a obtenção destes benefícios, com base nos critérios da legislação então vigente.

§ 1º – O servidor de que trata este artigo, que tenha completado as exigências para aposentadoria integral e que opte por permanecer em atividade fará jus à isenção da contribuição previdenciária até completar as exigências para aposentadoria contidas no art. 40, § 1º, III, "a", da Constituição Federal.

§ 2º – Os proventos da aposentadoria a ser concedida aos servidores públicos referidos no «caput», em termos integrais ou proporcionais ao tempo de serviço já exercido até a data de publicação desta Emenda, bem como as pensões de seus dependentes, serão calculados de acordo com a legislação em vigor à época em que foram atendidas as prescrições nela estabelecidas para a concessão destes benefícios ou nas condições da legislação vigente.

§ 3º – São mantidos todos os direitos e garantias assegurados nas disposições constitucionais vigentes à data de publicação desta Emenda aos servidores e militares, inativos e pensionistas, aos anistiados e aos ex-combatentes, assim como àqueles que já cumpriram, até aquela data, os requisitos para usufruírem tais direitos, observado o disposto no art. 37, XI, da Constituição Federal.

Art. 4º – Observado o disposto no art. 40, § 10, da Constituição Federal, o tempo de serviço considerado pela legislação vigente para efeito de aposentadoria, cumprido até que a lei discipline a matéria, será contado como tempo de contribuição.

Art. 9º – Observado o disposto no art. 4º desta Emenda e ressalvado o direito de opção a aposentadoria pelas normas por ela estabelecidas para o regime geral de previdência social, é assegurado o direito à aposentadoria ao segurado que se tenha filiado ao regime geral de previdência social, até a data de publicação desta Emenda, quando, cumulativamente, atender aos seguintes requisitos:

I – contar com cinquenta e três anos de idade, se homem, e quarenta e oito anos de idade, se mulher; e

II – contar tempo de contribuição igual, no mínimo, à soma de:

a) trinta e cinco anos, se homem, e trinta anos, se mulher; e

b) um período adicional de contribuição equivalente a vinte por cento do tempo que, na data da publicação desta Emenda, faltaria para atingir o limite de tempo constante da alínea anterior.

§ 1º – O segurado de que trata este artigo, desde que atendido o disposto no inciso I do «caput», e observado o disposto no art. 4º desta Emenda, pode aposentar-se com valores proporcionais ao tempo de contribuição, quando atendidas as seguintes condições:

I – contar tempo de contribuição igual, no mínimo, à soma de:

a) trinta anos, se homem, e vinte e cinco anos, se mulher; e

b) um período adicional de contribuição equivalente a quarenta por cento do tempo que, na data da publicação desta Emenda, faltaria para atingir o limite de tempo constante da alínea anterior;

II – o valor da aposentadoria proporcional será equivalente a setenta por cento do valor da aposentadoria a que se refere o «caput», acrescido de cinco por cento por ano de contribuição que supere a soma a que se refere o inciso anterior, até o limite de cem por cento.

§ 2º – O professor que, até a data da publicação desta Emenda, tenha exercido atividade de magistério e que opte por aposentar-se na forma do disposto no «caput», terá o tempo de serviço exercido até a publicação desta Emenda contado com o acréscimo de dezessete por cento, se homem, e de vinte por cento, se mulher, desde que se aposente, exclusivamente, com tempo de efetivo exercício de atividade de magistério.

Art. 16 – Esta Emenda Constitucional entra em vigor na data de sua publicação.

Art. 17 – Revoga-se o inciso II do § 2º do art. 153 da Constituição Federal.

Brasília, 15 de dezembro de 1998.

EC n. 41/03

Art. 1º A Constituição Federal passa a vigorar com as seguintes alterações:

"Art. 40. Aos servidores titulares de cargos efetivos da União, dos Estados, do Distrito Federal e dos Municípios, incluídas suas autarquias e fundações, é assegurado regime de previdência de caráter contributivo e solidário, mediante contribuição do respectivo ente público, dos servidores ativos e inativos e dos pensionistas, observados critérios que preservem o equilíbrio financeiro e atuarial e o disposto neste artigo.

§ 1º Os servidores abrangidos pelo regime de previdência de que trata este artigo serão aposentados, calculados os seus proventos a partir dos valores fixados na forma dos §§ 3º e 17:

I – por invalidez permanente, sendo os proventos proporcionais ao tempo de contribuição, exceto se decorrente de acidente em serviço, moléstia profissional ou doença grave, contagiosa ou incurável, na forma da lei;

....

§ 3º Para o cálculo dos proventos de aposentadoria, por ocasião da sua concessão, serão consideradas as remunerações utilizadas como base para as contribuições do servidor aos regimes de previdência de que tratam este artigo e o art. 201, na forma da lei.

....

§ 19. O servidor de que trata este artigo que tenha completado as exigências para aposentadoria voluntária estabelecidas no § 1º, III, a, e que opte por permanecer em atividade fará jus a um abono de permanência equivalente ao valor da sua contribuição previdenciária até completar as exigências para aposentadoria compulsória contidas no § 1º, II.

"Art. 201. ....

§ 12. Lei disporá sobre sistema especial de inclusão previdenciária para trabalhadores de baixa renda, garantindo-lhes acesso a benefícios de valor igual a um salário-mínimo, exceto aposentadoria por tempo de contribuição." (NR)

Art. 2º Observado o disposto no art. 4º da Emenda Constitucional nº 20, de 15 de dezembro de 1998, é assegurado o direito de opção pela aposentadoria voluntária com proventos calculados de acordo com o art. 40, §§ 3º e 17, da Constituição Federal, àquele que tenha ingressado regularmente em cargo efetivo na Administração Pública direta, autárquica e fundacional, até a data de publicação daquela Emenda, quando o servidor, cumulativamente:

I – tiver cinquenta e três anos de idade, se homem, e quarenta e oito anos de idade, se mulher;

II – tiver cinco anos de efetivo exercício no cargo em que se der a aposentadoria;

III – contar tempo de contribuição igual, no mínimo, à soma de:

a) trinta e cinco anos, se homem, e trinta anos, se mulher; e

b) um período adicional de contribuição equivalente a vinte por cento do tempo que, na data de publicação daquela Emenda, faltaria para atingir o limite de tempo constante da alínea *a* deste inciso.

§ 1º O servidor de que trata este artigo que cumprir as exigências para aposentadoria na forma do *caput* terá os seus proventos de inatividade reduzidos para cada ano antecipado em relação aos limites de idade estabelecidos pelo art. 40, § 1º, III, a, e § 5º da Constituição Federal, na seguinte proporção:

I – três inteiros e cinco décimos por cento, para aquele que completar as exigências para aposentadoria na forma do *caput* até 31 de dezembro de 2005;

II – cinco por cento, para aquele que completar as exigências para aposentadoria na forma do *caput* a partir de 1º de janeiro de 2006.

§ 2º Aplica-se ao magistrado e ao membro do Ministério Público e de Tribunal de Contas o disposto neste artigo.

§ 3º Na aplicação do disposto no § 2º deste artigo, o magistrado ou o membro do Ministério Público ou de Tribunal de Contas, se homem, terá o tempo de serviço exercido até a data de publicação da Emenda Constitucional nº 20, de 15 de dezembro de 1998, contado com acréscimo de dezessete por cento, observado o disposto no § 1º deste artigo.

§ 4º O professor, servidor da União, dos Estados, do Distrito Federal e dos Municípios, incluídas suas autarquias e fundações, que, até a data de publicação da Emenda Constitucional nº 20, de 15 de dezembro de 1998, tenha ingressado, regularmente, em cargo efetivo de magistério e que opte por aposentar-se na forma do disposto no *caput*, terá o tempo de serviço exercido até a publicação daquela Emenda contado com o acréscimo de dezessete por cento, se homem, e de vinte por cento, se mulher, desde que se aposente, exclusivamente, com tempo de efetivo exercício nas funções de magistério, observado o disposto no § 1º.

§ 5º O servidor de que trata este artigo, que tenha completado as exigências para aposentadoria voluntária estabelecidas no *caput*, e que opte por permanecer em atividade, fará jus a um abono de permanência equivalente ao valor da sua contribuição previdenciária até completar as exigências para aposentadoria compulsória contidas no art. 40, § 1º, II, da Constituição Federal.

§ 6º Às aposentadorias concedidas de acordo com este artigo aplica-se o disposto no art. 40, § 8º, da Constituição Federal.

Art. 3º É assegurada a concessão, a qualquer tempo, de aposentadoria aos servidores públicos, bem como pensão aos seus dependentes, que, até a data de publicação desta Emenda, tenham cumprido todos os requisitos para obtenção desses benefícios, com base nos critérios da legislação então vigente.

§ 1º O servidor de que trata este artigo que opte por permanecer em atividade tendo completado as exigências para aposentadoria voluntária e que conte com, no mínimo, vinte e cinco anos de contribuição, se mulher, ou trinta anos de contribuição, se homem, fará jus a um abono de permanência equivalente ao valor da sua contribuição previdenciária até completar as exigências para aposentadoria compulsória contidas no art. 40, § 1º, II, da Constituição Federal.

§ 2º Os proventos da aposentadoria a ser concedida aos servidores públicos referidos no *caput*, em termos integrais ou proporcionais ao tempo de contribuição já exercido até a data de publicação desta Emenda, bem como as pensões de seus dependentes, serão calculados de acordo com a legislação em vigor à época em que foram atendidos os requisitos nela estabelecidos para a concessão desses benefícios ou nas condições da legislação vigente.

Art. 4º Os servidores inativos e os pensionistas da União, dos Estados, do Distrito Federal e dos Municípios, incluídas suas autarquias e fundações, em gozo de benefícios na data de publicação desta Emenda, bem como os alcançados pelo disposto no seu art. 3º, contribuirão para o custeio do regime de que trata o art. 40 da Constituição Federal com percentual igual ao estabelecido para os servidores titulares de cargos efetivos.

Parágrafo único. A contribuição previdenciária a que se refere o *caput* incidirá apenas sobre a parcela dos proventos e das pensões que supere:

I – cinquenta por cento do limite máximo estabelecido para os benefícios do regime geral de previdência social de que trata o art. 201 da Constituição Federal, para os servidores inativos e os pensionistas dos Estados, do Distrito Federal e dos Municípios;

II – sessenta por cento do limite máximo estabelecido para os benefícios do regime geral de previdência social de que trata o art. 201 da Constituição Federal, para os servidores inativos e os pensionistas da União.

Art. 6º Ressalvado o direito de opção à aposentadoria pelas normas estabelecidas pelo art. 40 da Constituição Federal ou pelas regras estabelecidas pelo art. 2º desta Emenda, o servidor da União, dos Estados, do Distrito Federal e dos Municípios, incluídas suas autarquias e fundações, que tenha ingressado no serviço público até a data de publicação desta Emenda poderá aposentar-se com proventos integrais, que corresponderão à totalidade da remuneração do servidor no cargo efetivo em que se der a aposentadoria, na forma da lei, quando, observadas as reduções de idade e tempo de contribuição contidas no § 5º do art. 40 da Constituição Federal, vier a preencher, cumulativamente, as seguintes condições:

I – sessenta anos de idade, se homem, e cinqüenta e cinco anos de idade, se mulher;

II – trinta e cinco anos de contribuição, se homem, e trinta anos de contribuição, se mulher;

III – vinte anos de efetivo exercício no serviço público; e

IV – dez anos de carreira e cinco anos de efetivo exercício no cargo em que se der a aposentadoria.

Art. 7º Observado o disposto no art. 37, XI, da Constituição Federal, os proventos de aposentadoria dos servidores públicos titulares de cargo efetivo e as pensões dos seus dependentes pagos pela União, Estados, Distrito Federal e Municípios, incluídas suas autarquias e fundações, em fruição na data de publicação desta Emenda, bem como os proventos de aposentadoria dos servidores e as pensões dos dependentes abrangidos pelo art. 3º desta Emenda, serão revistos na mesma proporção e na mesma data, sempre que se modificar a remuneração dos servidores em atividade, sendo também estendidos aos aposentados e pensionistas quaisquer benefícios ou vantagens posteriormente concedidos aos servidores em atividade, inclusive quando decorrentes da transformação ou reclassificação do cargo ou função em que se deu a aposentadoria ou que serviu de referência para a concessão da pensão, na forma da lei.

Art. 11. Esta Emenda Constitucional entra em vigor na data de sua publicação.

Brasília, em 19 de dezembro de 2003.

EC n. 47/05

Art. 1º Os arts. 37, 40, 195 e 201 da Constituição Federal passam a vigorar com a seguinte redação:

"Art. 40. ....

§ 4º É vedada a adoção de requisitos e critérios diferenciados para a concessão de aposentadoria aos abrangidos pelo regime de que trata este artigo, ressalvados, nos termos definidos em leis complementares, os casos de servidores:

I – portadores de deficiência;

II – que exerçam atividades de risco;

III – cujas atividades sejam exercidas sob condições especiais que prejudiquem a saúde ou a integridade física.

"Art. 201. ....

§ 12. Lei disporá sobre sistema especial de inclusão previdenciária para atender a trabalhadores de baixa renda e àqueles sem renda própria que se dediquem exclusivamente ao trabalho doméstico no âmbito de sua residência, desde que pertencentes a famílias de baixa renda, garantindo-lhes acesso a benefícios de valor igual a um salário-mínimo.

§ 13. O sistema especial de inclusão previdenciária de que trata o § 12 deste artigo terá alíquotas e carências inferiores às vigentes para os demais segurados do regime geral de previdência social.» (NR)

Art. 2º Aplica-se aos proventos de aposentadorias dos servidores públicos que se aposentarem na forma do caput do art. 6º da Emenda Constitucional nº 41, de 2003, o disposto no art. 7º da mesma Emenda.

Art. 3º Ressalvado o direito de opção à aposentadoria pelas normas estabelecidas pelo art. 40 da Constituição Federal ou pelas regras estabelecidas pelos arts. 2º e 6º da Emenda Constitucional nº 41, de 2003, o servidor da União, dos Estados, do Distrito Federal e dos Municípios, incluídas suas autarquias e fundações, que tenha ingressado no serviço público até 16 de dezembro de 1998 poderá aposentar-se com proventos integrais, desde que preencha, cumulativamente, as seguintes condições:

I – trinta e cinco anos de contribuição, se homem, e trinta anos de contribuição, se mulher;

II – vinte e cinco anos de efetivo exercício no serviço público, quinze anos de carreira e cinco anos no cargo em que se der a aposentadoria;

III – idade mínima resultante da redução, relativamente aos limites do art. 40, § 1º, inciso III, alínea "a", da Constituição Federal, de um ano de idade para cada ano de contribuição que exceder a condição prevista no inciso I do caput deste artigo.

Parágrafo único. Aplica-se ao valor dos proventos de aposentadorias concedidas com base neste artigo o disposto no art. 7º da Emenda Constitucional nº 41, de 2003, observando-se igual critério de revisão às pensões derivadas dos proventos de servidores falecidos que tenham se aposentado em conformidade com este artigo.

Art. 6º Esta Emenda Constitucional entra em vigor na data de sua publicação, com efeitos retroativos à data de vigência da Emenda Constitucional nº 41, de 2003.

Brasília, em 5 de julho de 2005

Lei n. 8.213/91 (arts. 52/56)

Art. 52. A aposentadoria por tempo de serviço será devida, cumprida a carência exigida nesta Lei, ao segurado que completar 25 (vinte e cinco) anos de serviço, se do sexo feminino, ou 30 (trinta) anos, se do sexo masculino.

Art. 53. A aposentadoria por tempo de serviço, observado o disposto na Seção III deste Capítulo, especialmente no art. 33, consistirá numa renda mensal de:

I – para a mulher: 70% (setenta por cento) do salário de benefício aos 25 (vinte e cinco) anos de serviço, mais 6% (seis por cento) deste, para cada novo ano completo de atividade, até o máximo de 100% (cem por cento) do salário de benefício aos 30 (trinta) anos de serviço;

II – para o homem: 70% (setenta por cento) do salário de benefício aos 30 (trinta) anos de serviço, mais 6% (seis por cento) deste, para cada novo ano completo de atividade, até o máximo de 100% (cem por cento) do salário de benefício aos 35 (trinta e cinco) anos de serviço.

Art. 54. A data do início da aposentadoria por tempo de serviço será fixada da mesma forma que a da aposentadoria por idade, conforme o disposto no art. 49.

Art. 55. O tempo de serviço será comprovado na forma estabelecida no Regulamento, compreendendo, além do correspondente às atividades de qualquer das categorias de segurados de que trata o art. 11 desta Lei, mesmo que anterior à perda da qualidade de segurado:

I – o tempo de serviço militar, inclusive o voluntário, e o previsto no § 1º do art. 143 da Constituição Federal, ainda que anterior à filiação ao Regime Geral de Previdência Social, desde que não tenha sido contado para inatividade remunerada nas Forças Armadas ou aposentadoria no serviço público;

II – o tempo intercalado em que esteve em gozo de auxílio-doença ou aposentadoria por invalidez;

III – o tempo de contribuição efetuada como segurado facultativo;

IV – o tempo de serviço referente ao exercício de mandato eletivo federal, estadual ou municipal, desde que não tenha sido contado para efeito de aposentadoria por outro regime de previdência social;

V – o tempo de contribuição efetuado por segurado depois de ter deixado de exercer atividade remunerada que o enquadrava no art. 11 desta Lei;

VI – o tempo de contribuição efetuado com base nos artigos 8º e 9º da Lei nº 8.162, de 8 de janeiro de 1991, pelo segurado definido no artigo 11, inciso I, alínea "g", desta Lei, sendo tais contribuições computadas para efeito de carência.

§ 1º A averbação de tempo de serviço durante o qual o exercício da atividade não determinava filiação obrigatória ao anterior Regime de Previdência Social Urbana só será admitida mediante o recolhimento das contribuições correspondentes, conforme dispuser o Regulamento, observado o disposto no § 2º.

§ 2º O tempo de serviço do segurado trabalhador rural, anterior à data de início de vigência desta Lei, será computado independentemente do recolhimento das contribuições a ele correspondentes, exceto para efeito de carência, conforme dispuser o Regulamento.

§ 3º A comprovação do tempo de serviço para os efeitos desta Lei, inclusive mediante justificação administrativa ou judicial, conforme o disposto no art. 108, só produzirá efeito quando baseada em início de prova material, não sendo admitida prova exclusivamente testemunhal, salvo na ocorrência de motivo de força maior ou caso fortuito, conforme disposto no Regulamento.

§ 4º Não será computado como tempo de contribuição, para efeito de concessão do benefício de que trata esta subseção, o período em que o segurado contribuinte individual ou facultativo tiver contribuído na forma do § 2o do art. 21 da Lei no 8.212, de 24 de julho de 1991, salvo se tiver complementado as contribuições na forma do § 3º do mesmo artigo.

Art. 56. O professor, após 30 (trinta) anos, e a professora, após 25 (vinte e cinco) anos de efetivo exercício em funções de magistério poderão aposentar-se por tempo de serviço, com renda mensal correspondente a 100% (cem por cento) do salário de benefício, observado o disposto na Seção III deste Capítulo.

Lei n. 13.183, de 4.11.15 (DOU de 5.11.15)

A PRESIDENTA DA REPÚBLICA Faço saber que o Congresso Nacional decreta e eu sanciono a seguinte Lei:

Art. 2º A Lei nº 8.213, de 24 de julho de 1991, passa a vigorar com as seguintes alterações:

"Art. 29-C. O segurado que preencher o requisito para a aposentadoria por tempo de contribuição poderá optar pela não incidência do fator previdenciário no cálculo de sua aposentadoria, quando o total resultante da soma de sua idade e de seu tempo de contribuição, incluídas as frações, na data de requerimento da aposentadoria, for:

I – igual ou superior a noventa e cinco pontos, se homem, observando o tempo mínimo de contribuição de trinta e cinco anos; ou

II – igual ou superior a oitenta e cinco pontos, se mulher, observado o tempo mínimo de contribuição de trinta anos.

§ 1º Para os fins do disposto no caput, serão somadas as frações em meses completos de tempo de contribuição e idade.

§ 2º As somas de idade e de tempo de contribuição previstas no caput serão majoradas em um ponto em:

I – 31 de dezembro de 2018;

II – 31 de dezembro de 2020;

III – 31 de dezembro de 2022;

IV – 31 de dezembro de 2024; e

V – 31 de dezembro de 2026.

§ 3º Para efeito de aplicação do disposto no caput e no § 2º, o tempo mínimo de contribuição do professor e da professora que comprovarem exclusivamente tempo de efetivo exercício de magistério na educação infantil e no ensino fundamental e médio será de, respectivamente, trinta e vinte e cinco anos, e serão acrescidos cinco pontos à soma da idade com o tempo de contribuição.

§ 4º Ao segurado que alcançar o requisito necessário ao exercício da opção de que trata o caput e deixar de requerer aposentadoria será assegurado o direito à opção com a aplicação da pontuação exigida na data do cumprimento do requisito nos termos deste artigo.

§ 5º (VETADO)

Art. 8º Esta Lei entra em vigor:

I – em 3 de janeiro de 2016, quanto à redação do art. 16 e do inciso II do § 2º do art. 77 da Lei nº 8.213, de 24 de julho de 1991;

II – em 1º de julho de 2016, quanto à redação do § 5º do art. 29-C da Lei nº 8.213, de 24 de julho de 1991;

III – na data de sua publicação, para os demais dispositivos.

Brasília, 4 de novembro de 2015; 194º da Independência e 127º da República.

DILMA ROUSSEFF

Medida Provisória n. 676/15

A Presidenta da República, no uso da atribuição que lhe confere o art. 62 da Constituição Federal, adota a seguinte Medida Provisória, com força de lei:

Art. 1º A Lei n. 8.213, de 24 de julho de 19991, passa a vigora com as seguintes alterações:

Art. 29-C. O segurado que pretender o requisito para a aposentadoria por tempo de contribuição poderá optar pela não incidência do fato previdenciário, no cálculo de sua aposentadoria, quando o total resultante da soma de sua idade e de seu tempo de contribuição, incluídas as frações, na data de requerimento da aposentadoria, for:

I – igual ou superior a noventa e cinco pontos, se homem, observando o tempo mínimo de contribuição de trinta e cinco anos; ou

II – igual ou superior a oitenta e cinco pontos, se mulher, observando o tempo mínimo de contribuição de trinta anos.

§ 1º As somas de idade e de tempo de contribuição previstas no caput serão majoradas em um ponto em:

I – 1º de janeiro de 2017;

II – 1º de janeiro de 2019;

III – 1º de janeiro de 2020;

IV – 1º de janeiro de 2021; e

V – 1º de janeiro de 2022.

§ 2º Para efeito de aplicação do disposto no **caput** e no § 1º, serão acrescidos cinco pontos à soma da idade com o tempo de contribuição do professor e da professora que comprovarem exclusivamente tempo de efetivo exercício de magistério na educação infantil e no ensino fundamental e médio." (NR)

Art. 2º Esta Medida Provisória entra em vigor na data de sua publicação.

Brasília, 17 de junho de 2015; 194º da Independência e 127º da República.

Lei n. 9.876/99 (excertos)

O PRESIDENTE DA REPÚBLICA Faço saber que o Congresso Nacional decreta e eu sanciono a seguinte Lei:

"Art. 29. O salário de benefício consiste:" (NR)

"I – para os benefícios de que tratam as alíneas *b* e *c* do inciso I do art. 18, na média aritmética simples dos maiores salários de contribuição correspondentes a oitenta por cento de todo o período contributivo, multiplicada pelo fator previdenciário;

II – para os benefícios de que tratam as alíneas *a, d, e* e *h* do inciso I do art. 18, na média aritmética simples dos maiores salários de contribuição correspondentes a oitenta por cento de todo o período contributivo."

....

§ 7º O fator previdenciário será calculado considerando-se a idade, a expectativa de sobrevida e o tempo de contribuição do segurado ao se aposentar, segundo a fórmula constante do Anexo desta Lei.

§ 8º Para efeito do disposto no § 7º, a expectativa de sobrevida do segurado na idade da aposentadoria será obtida a partir da tábua completa de mortalidade construída pela Fundação Instituto Brasileiro de Geografia e Estatística – IBGE, considerando-se a média nacional única para ambos os sexos.

§ 9º Para efeito da aplicação do fator previdenciário, ao tempo de contribuição do segurado serão adicionados:

I – cinco anos, quando se tratar de mulher;

II – cinco anos, quando se tratar de professor que comprove exclusivamente tempo de efetivo exercício das funções de magistério na educação infantil e no ensino fundamental e médio;

III – dez anos, quando se tratar de professora que comprove exclusivamente tempo de efetivo exercício das funções de magistério na educação infantil e no ensino fundamental e médio."

Art. 7o É garantido ao segurado com direito a aposentadoria por idade a opção pela não aplicação do fator previdenciário a que se refere o art. 29 da Lei no 8.213, de 1991, com a redação dada por esta Lei.

Brasília, 26 de novembro de 1999; 178o da Independência e 111o da República.

FERNANDO HENRIQUE CARDOSO

CÁLCULO DO FATOR PREVIDENCIÁRIO

$$f = \frac{Tc \times a}{Es} \times \left[1 + \frac{(Id + Tc \times a)}{100}\right]$$

Onde:

f = fator previdenciário;

Es = expectativa de sobrevida no momento da aposentadoria;

Tc = tempo de contribuição até o momento da aposentadoria;

Id = idade no momento da aposentadoria;

a = alíquota de contribuição correspondente a 0,31.

Produção Gráfica e Editoração Eletrônica: Pietra Diagramação
Projeto de capa: Fabio Giglio
Impressão: Graphium Gráfica

Impresso por :

Graphium
gráfica e editora
Tel.:11 2769-9056